Holger Vornholt
Kleine Klosterkunde

Holger Vornholt

Kleine Klosterkunde

REGIONALIA

Umschlagmotive
Cover oben 4 Bilder:
links außen: Benediktinerabtei Maria Laach, Eifel, Bruno Hof
zweites von links: Wartebereich für vier Beichtstühle im Kloster Maria Weißenstein, Südtirol, Karl-Heinz Laube (pixelio)
zweites von rechts: Franz von Assisi an der Kirche zu Arezzo, Toskana, Thomas Max Müller (pixelio)
rechts außen: Chorruine der ehem. Zisterzienserabtei Heisterbach, Siebengebirge, Bruno Hof
Cover Hintergrund: Dover Bildarchiv
Cover großes Bild im Vordergrund: Kloster St. Urban, ehem. Zisterzienserabtei, Kanton Luzern, Schweiz (pixelio)

Abbildung auf Seite 2:
Ansicht der Fassade der San-Salvator-Basilika, der ehemaligen Abteikirche der Benediktinerabtei Prüm in der Eifel

Abbildung auf Seite 4:
Blick auf die Abteikirche der Zisterzienserinnenabtei Oberschönenfeld bei Augsburg

3. Auflage 2018
Holger Vornholt, Kleine Klosterkunde
Regionalia Verlag
ein Imprint der Kraterleuchten GmbH,
Lindenstraße 4, 54550 Daun

FSC
www.fsc.org
MIX
Papier aus verantwortungsvollen Quellen
FSC® C014138

Einbandgestaltung: Derek Gotzen, für agilmedien, Niederkassel
Layout und Satz: paquémedia, www.paque.de

Gedruckt in der Europäischen Union, Finidr, CZ
ISBN 978-3-939722-46-5

www.regionalia-verlag.de

Inhalt

Vorwort

Klöster sind geheimnisvoll. Das Leben hinter ihren Mauern ist für die Mehrheit heute fast immer noch ebenso ungewöhnlich, wie es den Menschen vor über 1000 Jahren erschienen sein muss, als sich immer mehr Gläubige zusammenschlossen, um ein religiöses Leben in der Abgeschiedenheit fernab von der Welt zu führen. Und gerade deshalb interessieren sich heute so zahlreiche Menschen für diese unbekannte Welt und das Leben darin. Doch das Wissen darum ist bei vielen Menschen nur bruchstückhaft und gelegentlich auch noch mit Vorurteilen behaftet, die ihren Ursprung teils in Verfehlungen der Kirche in früheren Jahrhunderten selbst, teils aber auch in der gezielten Diskreditierung von interessierter Seite haben, etwa zu Beginn des 19. Jahrhunderts.

Viele Klöster tun deshalb heute einiges dafür, sich der Gesellschaft gegenüber zu öffnen, etwa durch die Möglichkeit eines begrenzten Klosteraufenthaltes für Jedermann, um das Ordensleben besser kennenzulernen.

Auch dieser Band hat es sich zum Ziel gesetzt, dem Leser die Klöster nahezubringen. Dabei soll versucht werden, den geheimnisvollen Schleier etwas zu lüften, ohne den Klöstern ihre Würde und Ausstrahlung zu nehmen, die ihnen nun schon seit so vielen Jahrhunderten ihre Ausnahmestellung verleihen. Zunächst einmal werden im ersten Kapitel die wichtigsten der verschiedenen Orden, ihre Gründungsgeschichte, ihre Gründer und ihre spezifischen Besonderheiten vorgestellt, die sie von den jeweils anderen Orden unterscheiden. Diese Unterschiede können in einigen Fällen marginal erscheinen, in anderen aber wiederum auch sehr wesentlich.

Im zweiten Kapitel wird die wechselvolle Geschichte der Orden und Klöster erzählt, von den Anfängen unter römischer Herrschaft über die Blütezeit im Mittelalter, ihre wechselvolle Geschichte vom 15. bis zum 19. Jahrhundert und den Niedergang im 19. Jahrhundert bis hin zur allmählichen Stabilisierung im 20. Jahrhundert. Ein drittes Kapitel beschäftigt sich mit dem Klosterleben früher und heute, mit den religiösen Regeln, mit den Hierarchien, Ämtern, Aufgaben und Arbeiten im Wandel der Zeit. Auch die Grundlagen des heutigen Klosterlebens kommen dabei nicht zu kurz.

Viele Klöster sind über ihr religiöses und spirituelles Wesen hinaus auch bedeutende Baudenkmäler – vor allem die großen, prachtvollen Abteien. Auf den Aspekt der Klosterarchitektur geht das vierte Kapitel dieses Buches ein. Dabei werden sowohl die spezifischen, architektonischen Unterschiede zwischen den verschiedenen Orden berücksichtigt als auch der Wandel der Zeit, der sich in der Abfolge der großen Stilepochen ausdrückt.

Schließlich findet sich am Ende dieses Bandes noch ein umfangreiches Glossar mit weit über 120 Begriffen rund um Klöster, Orden, Mönche und Nonnen, sodass dieses Buch für alle Freunde und Interessierte der Klöster und des Klosterlebens zu einem unverzichtbaren Werk wird.

Die großen Orden und ihre Gründer

In der Geschichte der abendländischen Christenheit ist die Gründung von Klöstern ohne die Gründung geistlicher Orden nicht zu verstehen – und umgekehrt! Orden sind nach einer bestimmten Regel lebende religiöse Gemeinschaften von Männern oder Frauen, die sich durch ein bindendes Gelübde zu ihrer Lebensform verpflichtet haben. Oft fand sich eine spirituelle Gemeinschaft an einem festen Ort zusammen, an dem sie Gebäude zum Leben, Schlafen, Wirtschaften und Beten baute. So entstanden die ersten Klöster. Meist bekam die Gemeinschaft bald regen Zulauf, sodass an anderen Orten weitere Klöster gebaut wurden. Um sicherzustellen, dass in allen Gemeinschaften dieselben Lebensideale verfolgt wurden, verfasste man eine verbindliche Regel. So wurde aus der Gemeinschaft ein Orden – sofern der Papst in Rom dieser Gemeinschaft seinen Segen in Form von offizieller Anerkennung gab.

Der Heilige Benedikt von Nursia in einer Darstellung von Frau Angelico aus dem Konvent von San Marco in Florenz, Fresco, 1441-42

Manche Orden gehen auf einen einzigen Gründer zurück, andere sind wiederum durch die Zusammenfassung von Gemeinschaften mit bestimmter Lebensweise entstanden. Der Zusammenschluss konnte von innen heraus stattfinden, aber auch von oben angeordnet werden. Der Begriff „Ordensgründer" ist also etwas diffus. Der Heilige Benedikt von Nursia etwa hat für das Zusammenleben der Mönche im Kloster Montecassino die benediktinische Regel verfasst, nach der heute noch zahlreiche Orden leben, aber er hat nicht den Benediktinerorden im Sinne einer zentral gesteuerten Institution gegründet, denn bis zum 14. Jahrhundert war jedes Benediktinerkloster nur für sich selbst verantwortlich, und in gewissem Maße ist dies auch heute noch viel stärker so als in den meisten anderen Orden. Auch die Augustinischen Orden gehen nicht wirklich auf Augustinus von Hippo als Gründer zurück, sondern er gilt lediglich als Verfasser einer Ordensregel. Gegründet wurde der erste Augustinische Orden 800 Jahre nach Augustinus 1244 durch ein Dekret von Papst Innozenz IV. Der Orden der Karmeliten gibt den alttestamentarischen Propheten Elija als Ordensgründer an, was allein durch die Zeitspanne von 2000

Jahren zwischen Elijas Tod und der Ordensgründung erstaunt.

Im Gegensatz dazu gibt es aber auch geistliche Orden, deren Gründung ganz klar auf die Initiative einer einzigen Person zurückgeführt werden kann. Auch wenn diese Ordensgründer nicht allein gehandelt haben und viel Hilfe erhielten, kann man in diesen Fällen doch sagen, dass ohne die betreffende Person die Ordensgründung nicht zustande gekommen wäre. Dies gilt beispielsweise für den Heiligen Franz von Assisi, den Gründer des ersten Franziskanerordens, aber auch für

Der Heilige Franz von Assisi auf einem Fresko von Giovanni Cimabue in der Unterkirche der Basilika San Francesco in Assisi, um 1280

Dominikus, den Begründer des Ordens der Dominikaner. Ebenfalls auf eine Gründergestalt geht der Orden der Kartäuser zurück, der seine Existenz dem Bruno von Köln verdankt; und der Orden der Prämonstratenser wurde von Norbert von Xanten gegründet. Auch die Jesuiten haben mit Ignatius von Loyola einen unbestrittenen Ordensgründer. Ein Sonderfall ist hier der Reformorden der Zisterzienser, eine Abspaltung der Benediktiner. Hier kann man von einem Gründungsprozess sprechen, der nacheinander von Robert de Molesme, Alberich von Citeaux, Stephan Harding und Bernard von Clairvaux gesteuert wurde. Somit kann man streng genommen alle vier als „Gründer" des Ordens anerkennen.

Alle großen Orden erfuhren im Laufe ihrer Geschichte Zerreißproben, Reformphasen und Spaltungsprozesse, insbesondere während des Großen Abendländischen Schismas, in dessen Verlauf bis zu drei gleichzeitig amtierende Päpste von den Orden Gehorsam einforderten, sowie während der Reformation, die vor allem in Deutschland die Orden spaltete und ihnen vor allem in den reformierten Gebieten die Existenzgrundlagen entzog.

In der christlich-orthodoxen Kirche spielen Orden kaum eine Rolle, da die großen Klöster wie etwa die Mönchsrepublik Athos in Griechenland autonom organisiert sind. Außerhalb des Christentums existieren religiöse Orden vor allem im Buddhismus, im Hinduismus und im Islam. Die Spiritualität und die praktizierten Lebensformen unterscheiden sich in den verschiedenen Religionen sehr stark voneinander und vor allem auch vom Christentum.

Das Mönchtum

Die Entwicklung der großen Orden und der von diesen erbauten und unterhaltenen Klöster wäre nicht möglich gewesen ohne das abendländische Mönchtum. Dessen Grundzüge entspringen der vorchristlichen Zeit und finden sich mehr oder weniger stark ausgeprägt in fast allen Religionen. Ein zentrales Element des Mönchtums ist die Askese. Der Begriff stammt aus dem Griechischen und bedeutet „Übung“. Ursprünglich waren damit das Training und die Enthaltsamkeit der Athleten gemeint. In religiöser Hinsicht verstand man unter Askese dann bald die Abkehr von weltlichen Dingen mit dem Ziel der Steigerung der Spiritualität, die den Asketen in einem erhöhten transzendentalen Zustand seinem Gott näher bringen sollte.

In der praktischen Konsequenz bedeutete dies bereits für die vor- und frühchristlichen Asketen den unterschiedlich ausgeprägten Verzicht auf weltliche Freuden. Das reichte vom Verzicht auf bestimmte, als besonders luxuriös geltende Speisen bis hin zur Aufgabe sämtlicher sozialer Bindungen. Damit verbunden war oft die Aufgabe des festen Wohnsitzes und die Annahme eines Lebens als umherziehender Prediger oder als Einsiedler (Eremit) in der Einsamkeit. So wundert es nicht, dass der Begriff „Mönch“ in seiner ursprünglichen Form als „monos“ im Griechischen „allein“ bedeutet.

Als wichtigster Asket der urchristlichen Zeit gilt Johannes der Täufer, der Zeitgenosse Jesu Christi, der auf persönlichen Besitz und ein festes Heim verzichtete. Laut dem Markusevangelium (Mk 1,6) soll er in der Wüste umhergezogen sein und sich von Heuschrecken ernährt haben. Jesus Christus selbst trat nicht übermäßig durch besondere asketische Praktiken in Erscheinung. Zwar fastete er während seines 40 Tage dauernden Aufenthaltes in der Wüste, wurde aber auf der anderen Seite von den Pharisäern als „Fresser und Weinsäufer“ verunglimpft, wie man dem Evangelium des Matthäus entnehmen kann (Mt 11,19).

Der Kopf Johannes' des Täufers, Holzschnitt von Hans Baldung Grien, 1516, National Gallery of Art in Washington

Die Entwicklung hin zu den asketischen Idealen der frühchristlichen Mönche wie Besitzlosigkeit, Ehe- und Kinderlosigkeit und Abkehr von der Welt ist nicht zu verstehen ohne die Jahrhunderte andauernden großen und systematischen Christenverfolgungen im Römischen Reich. Diese begannen bereits im Jahre 64 unter Kaiser Nero und endeten endgültig erst 313 unter Kaiser Konstantin mit der weithin als „Toleranzedikt“ bekannten Mailänder Vereinbarung. Die verfolgten Christen wurden in die Illegalität gedrängt und verloren dabei ihren Besitz und ihre sozialen Bindungen automatisch als Folge ihres christlichen Glaubens – umso stärker in dem Maße, in dem sie sich zu diesem bekannten. Zudem entstand in dieser Zeit die Figur des Märtyrers, der seinen Glauben über seine körperliche Unversehrtheit und sogar über sein Leben stellte. Schon bald wurden zahlreiche Märtyrer als Heilige verehrt und stellten in gewisser Weise mit ihrer Opferbereitschaft und der Festigkeit ihres Glaubens das höchste Ideal des Asketen dar.

Als erster christlicher Mönch gilt heute allgemein der heilige Antonius (um 251-356). Er verzichtete als junger Mann auf seinen gesamten Besitz und zog in die Wüste, wo er als Eremit lebte. Um 305 bildete er mit Gleichgesinnten die ersten lockeren Mönchsgemeinschaften. Der ägyptische Mönch Pachomios gründete ungefähr zur selben Zeit die ersten christlichen Klöster, in denen bereits Regeln für das Zusammenleben der Mönche galten.

Die Versuchung des Heiligen Antonius. Der Eremit wird von Dämonen gepeinigt. Kupferstich von Martin Schongauer, um 1473

Benedikt von Nursia und die Benediktiner

Die Christen im Ostteil des Römischen Reiches befanden sich nach ihrer Tolerierung ab dem Jahre 313 in relativ großer Sicherheit. In den ersten, von Pachomios zu Beginn des 4. Jahrhunderts gegründeten Klöstern lebten die Mönche nach dessen „Engelsregel“, später aber auch immer mehr nach der Mönchsregel des Basilius von Caesarea, die noch heute für die orthodoxe Kirche von überragender Bedeutung ist. Im westlichen Teil des Römischen Reiches hingegen wurden die Zeiten vor allem nach der offiziellen Aufteilung im Jahre 395 immer stürmischer. Es begann die Epoche der Völkerwanderung, in der das Weströmische Reich von den Wanderungsbewegungen germanischer und slawischer Völker wie zwischen Mühlsteinen zerrieben wurde. Überall brach im 5. Jahrhundert die römische

Ordnung zusammen, staatliche und auch kirchliche Strukturen lösten sich auf. Immer wieder bildeten sich in dem riesigen Gebiet des Patriarchats von Rom meist recht kurzlebige germanische Königreiche, in denen die christliche Glaubensrichtung des Arianismus vorherrschte, die doch eigentlich bereits auf dem ersten ökumenischen Konzil von Nicäa im Jahre 325 verboten worden war.

In diese Zeit des Umbruchs und der Wirren wurde um das Jahr 480 in der Nähe von Perugia Benedikt von Nursia hineingeboren. Er war der Sohn eines reichen Landbesitzers und erhielt eine gute Schulbildung. Sein Studienaufenthalt in Rom enttäuschte ihn, der allgemeine Sittenverfall im zusammenbrechenden Römischen Reich trieb ihn eine Zeitlang in die Bergwelt von Affile, wo er sich einer Gruppe von Einsiedlern anschloss. Danach lebte Benedikt drei Jahre lang in der Tradition eines asketischen Eremiten der Spätantike in einer Höhle bei Subiaco östlich von Rom. Dabei erlangte er eine gewisse Bekanntheit, und als man ihn bat, Abt des in der Nähe befindlichen Klosters Vicovaro zu werden, sagte er zu. Doch scheiterte er hier an der Zerstrittenheit und den Intrigen der Mönche, sodass Benedikt bald wieder nach Subiaco zurückkehrte. Hier gründete er nun selbst das Kloster San Clemente sowie einige weitere kleine Klöster. Dies brachte ihn jedoch möglicherweise in Konflikt mit dem Bistum Tivoli, auf dessen Gebiet er sich befand.

Die Eroberung Roms durch die Goten, Hunnen und Alanen unter ihrem Feldherrn Alarich im Jahre 410 war der Auftakt zum Ende des Weströmischen Reiches. Französische Buchmalerei aus dem 15. Jahrhundert

Der Heilige Benedikt von Nursia übergibt St. Maurus und anderen Mönchen die von ihm verfasste Ordensregel. Buchmalerei von 1129, Kloster St. Gilles, Frankreich

Die Benediktiner im Überblick

Gründer: Benedikt von Nursia
Gründung: 529
Ordenstyp: monastisch, kontemplativ (heute auch apostolisch)
Regel: benediktinisch
Die Regel behandelt:
- Verpflichtung der Mönche und Nonnen zu Armut und Keuschheit
- Tugenden: Gehorsamkeit, Schweigsamkeit, Demut
- Organisation des Klosters, Rangordnung
- Verpflichtung der Mönche und Nonnen zum Gebet („ora“)
- Genaue Anweisungen zu den Gottesdiensten und gemeinsamen Gebeten
- Täglich mussten alle 150 Psalmen gebetet werden.
- Verpflichtung der Mönche und Nonnen zur Arbeit („labora“)
- Beschreibung der verschiedenen Ämter und Arbeiten
- Verpflichtung der Mönche und Nonnen zum Studium der Schriften („lege“)
- Bußen und Strafen bei Verfehlungen

Im Jahre 529 verließ Benedikt das Tal von Subiaco und gründete mit einigen Getreuen zwischen Rom und Neapel bei dem Ort Cassino das Kloster Montecassino, dem er selbst auch vorstand. Dieses gilt bis heute als „Keimzelle“ der Benediktiner. Hier entstand auch die berühmte „Regula Benedicti“, nach der die Mönche lebten. Sie verbreitete sich wie ein Lauffeuer über Montecassino hinaus und wurde zur bedeutendsten Ordensregel des Abendlandes. Bis in das Hochmittelalter hinein lebten überall in Europa die Mönche nach der Regel des Heiligen Benedikt, und auch heute noch gehört sie zu den unverzichtbaren Grundlagen des abendländischen Mönchtums. Schon zu seinen Lebzeiten entstanden Legenden über die wundertätige Kraft Benedikts, der den Menschen in der Not half, Kranke geheilt und sogar Tote erweckt haben soll. 18 Jahre lang führte Benedikt von Nursia das Kloster Montecassino, bevor er am 21. März des Jahres 547 – einem Gründonnerstag – im Alter von 67 Jahren verstarb.

Als Benedikt von Nursia seine berühmte Regel schrieb, dachte er dabei mitnichten an die Gründung eines Ordens. Es ging ihm ausschließlich darum, ein Gerüst für das spirituelle, aber auch weltliche Zusammenleben der Mönche in seinem Kloster Montecassino zu schaffen. Und auch als sich die benediktinische Regel im 9. Jahrhundert in ganz großem Stile überall in Europa durchsetzte und zur vorherrschenden Regel wurde, konnte man immer noch längst nicht von der Existenz eines einheitlichen Ordens der Benediktiner sprechen. Der Grund lag in der Autarkie der einzelnen Klöster. Auch wenn die Mönche in ganz Europa nach der Regel des Heiligen Benedikt lebten, waren ihre Klöster eigenständige Organisationseinheiten, die unabhängig voneinander handelten und auch keiner übergeordneten Organisationsstufe rechenschaftspflichtig waren – außer natürlich der Kirche selbst. Von einem zentral gelenkten Orden konnte also keine Rede sein. Erst im 14. Jahrhundert schlossen sich die einzelnen, nach der Regel Benedikts lebenden Abteien auf Druck des Heiligen Stuhls in Rom zu nationalen oder auf andere Art miteinander verbundenen Kongregationen zusammen. Diese sind in Provinzen organisiert, die wiederum Provinzkapitel einsetzen. Alle benediktinischen Kongregationen sind heute in der Benediktiner-Konföderation vereinigt. Aber dennoch kann man nicht wie bei anderen religiösen Orden von einem Mutterhaussystem sprechen, sondern eher von einem Klosterverband, denn die einzelnen Abteien genießen nach wie vor ein hohes Maß an Unabhängigkeit. Deshalb ist die Benediktiner-Konföderation auch kein Generalat im Sinne anderer, zentralistischer Orden, ihr Abtprimas ist kein Generalvorsteher. Folglich übt er auch keine Leitungsfunktion aus, sondern nimmt nur repräsentative Aufgaben wahr.

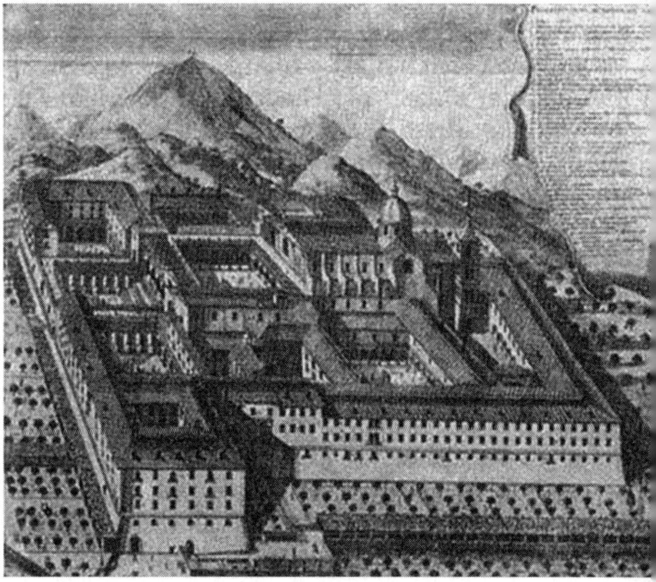

Die berühmte Bendiktinerabtei Montcassino im 18. Jahrhundert. Kupferstich von Erasmo Gattula, Venedig 1733

Bis zum Aufkommen der Zisterzienser und der Bettelorden des 13. Jahrhunderts waren die Benediktiner der wichtigste Orden des christlichen Abendlandes. Doch war die benediktinische Regel im Frühmittelalter zunächst beileibe nicht die einzige Regel, nach der Mönche lebten. Deshalb stellt sich die Frage, was es wohl war, das die Regel des Heiligen Benedikt so attraktiv gemacht hat, dass sie bis zum 9. Jahrhundert alle anderen Regeln überformte oder gar verdrängte? Eine Antwort könnte in der Kürze der Regel liegen, die zu ihrer Beliebtheit beigetragen hat und es vor allem auch einfacher gemacht hat, sie in ganz anderen Kulturkreisen und Klimazonen anzuwenden. Zudem interessierte sich die benediktinische Regel nicht für Standesunterschiede. Die Rangfolge der Mönche innerhalb des Klosters bestimmte sich im Frühmittelalter einzig nach der Dauer der Zugehörigkeit. So bot die Regel Mönchen von niedriger Abstammung zunächst die Chance auf sozialen Aufstieg. Dies änderte sich erst im Hochmittelalter, als die Unterscheidung zwischen Mönchen als geweihten Klerikern und den einfachen Laienbrüdern aufkam.

Das Losungswort der Benediktiner – das allerdings in der Regel nicht enthalten ist, sondern aus dem Spätmittelalter stammt – lautet verkürzt: „Ora et labora“ (lat.: „Bete und arbeite“). Damit ist der Hauptteil des Klosterlebens der Benediktiner beschrieben. Es ist in erster Linie durch das Gebet geprägt, und zwar nicht durch das Gebet des Einzelnen, sondern das Gebet in der Gemeinschaft aller Mönche eines Klosters. Die Regel schreibt neben der täglichen Messe acht Zeiten für

Stundengebete vor: Vigil, Laudes, Prim, Terz, Sext, Non, Vesper und Komplet. Der Tagesablauf der Mönche wird durch diese zahlreichen Gottesdienste stark gegliedert. Nach der Regel darf den Gebeten keine andere Tätigkeit vorgezogen werden, alle anderen Tätigkeiten müssen derweil ruhen. Da nach Benedikt „das Nichtstun der Feind der Seele ist", tritt die Arbeit neben den Gottesdienst und bietet abseits der Gebetszeiten den nötigen Ausgleich. Zudem sichert sie gleichzeitig den Lebensunterhalt der Klostergemeinschaft.

Die Orden der Zisterzienser und der Trappisten

Bis zum Beginn des 12. Jahrhunderts waren die Benediktiner der wichtigste monastische Orden des christlichen Abendlandes. Doch hatten sich die Benediktinerklöster im 11. Jahrhundert von ihrer ursprünglichen Einfachheit und von dem Ideal, von der Arbeit der eigenen Hände zu leben, immer weiter entfernt. Obwohl die Mönche nach wie vor zu Besitzlosigkeit verpflichtet waren, wurden doch die

Der Heilige Berg mit der Benediktinerabtei Andechs in Bayern. Kupferstich von Matthäus Merian, 1644

Klöster als solche stets reicher und entfalteten immer größere Pracht. Diese Entwicklung fand einen Höhepunkt in der berühmten, im Jahre 910 unter dem Schutz von Papst Sergius III. gegründeten Benediktinerabtei Cluny im Burgund, die zunächst durch eine besonders strenge Auslegung der Benediktsregel bekannt und damit zum Vorbild zahlreicher anderer Benediktiner-Abteien geworden war. Doch im 11. Jahrhundert fielen dieser Abtei in Form von Erbschaften, Spenden und Stiftungen große Ländereien und üppiger Reichtum zu. Cluny galt nun als reichste Abtei Europas, mehrere Päpste gingen zu dieser Zeit aus den Reihen ihrer Mönche hervor. Im Jahre 1088 begann man dort mit dem Bau der größten Kirche der Christenheit, die noch größer werden sollte als die Konstantinische Basilika des Papstes in Rom, die damals noch an der Stelle stand, an der gut 400 Jahre später der Petersdom entstehen sollte. Prunkvolle Fresken schmückten den Innenraum des gewaltigen Gotteshauses. Diese Prachtentfaltung stieß bei den Benediktinern allerdings nicht nur auf Gegenliebe. Eine immer größer werdende Zahl von Mönchen kritisierte die als Entfernung von der Regel des Heiligen Benedikt von Nursia empfundene Entwicklung und forderte eine Rückbesinnung auf die unverfälschten, ursprünglichen Ideale der Benediktsregel.

Führender Kopf dieser Gruppe war der französische Benediktiner-Abt Robert von Molesme. Im Jahre 1075 hatte er im Burgund die Abtei von Molesme gegründet, der er vorstand. Hier lebten allerdings nicht nur reformbereite Mönche, sodass der Lebensstil in der Abtei nicht so streng

Der Eingang der Benediktinerabtei Cluny im französischen Burgund. Aus der Fritz-Milkau-Dia-Sammlung, Preußische Staatsbibliothek 1933

war, wie Robert sich das gewünscht hatte. Deshalb gab er im Jahre 1098 sein Amt auf und gründete mit gleichgesinnten Mönchen in einer abseits gelegenen Gegend in den Wäldern 20 Kilometer südlich von Dijon das Kloster von Citeaux. Hier wollten die Reform-Benediktiner ein Leben führen, das sich ausschließlich auf die benediktinische Regel und die Losung „ora et labora“ stützen sollte: Der Lebensunterhalt sollte ausschließlich wieder mit der eigenen Hände Arbeit verdient werden

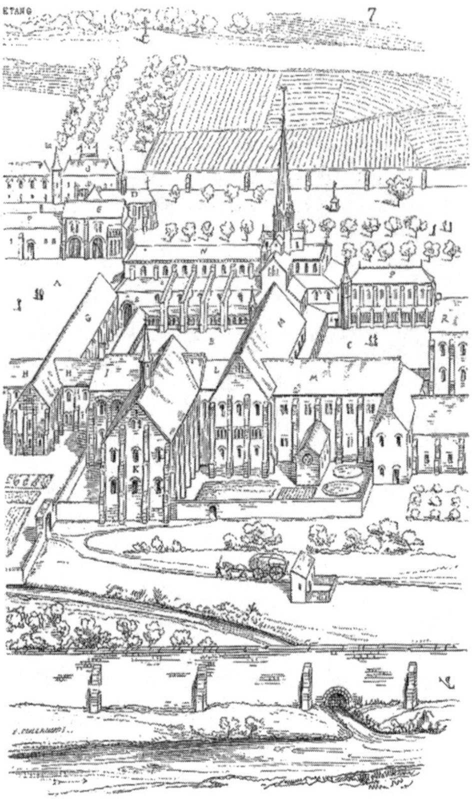

Die Zisterzienserabtei Citeaux im 16. Jahrhundert. Aus dem Handbuch der französischen Architektur des 11. bis 16. Jahrhunderts, 1856

und nicht durch die Erhebung des Zehnten oder Einnahmen aus Zinsen und Verpachtung. Die Abkehr von der Welt wurde zusätzlich durch die Wahl des fernab aller größeren Verkehrswege gelegenen Standorts des Klosters Citeaux symbolisiert. Doch bald zeigte sich, wie weit sich die Benediktiner von Cluny um 1200 von den Idealen des Heiligen Benedikt von Nursia entfernt hatten, wie die Gruppe von Citeaux sie verstand. Und so führte das, was

Die Heilige Maria erscheint dem großen Zisterzienserabt Bernhard von Clairvaux, Fresko von Filippino Lippi in der Badia-Kirche in Florenz, 1486

als Reform des Benediktinertums und Rückbesinnung auf die unverfälschten Werte gedacht war, am Ende zur Abspaltung der Mönche von Citeaux von der großen Familie der Benediktiner und zur Gründung eines neuen Ordens, des Ordens der Zisterzienser.

Robert von Molesme stand dem Kloster Citeaux nur ein Jahr lang vor, dann kehrte er auf Weisung von Papst Paschalis II. nach Molesme zurück. Ihm folgten als Abt zunächst Alberich von Citeaux und im Jahre 1109 dann Stephan Harding, der den Zisterziensern mit der „Carta Caritatis" eine Verfassung gab und schließlich im Jahre 1119 die Anerkennung der neuen Gemeinschaft durch Papst Calixtus II. erwirkte. Damit gilt Stephan Harding heute als der eigentliche Begründer des Zisterzienserordens. Zu seiner Zeit als Abt wuchs das Kloster Citeaux rasch, sodass man bald einige Tochterklöster gründen konnte. Im Jahre 1113 entstand das Kloster La Ferté, 1114 Pontigny, 1115 Morimond und Clairvaux sowie 1120 mit der Abtei Tart das erste Zisterzienserinnenkloster.

Die Zisterzienser im Überblick

Gründer: Stephan Harding
Gründung: 1119 (Regel)
Ordenstyp: monastisch, kontemplativ (heute auch apostolisch)
Regel: benediktinisch
Die Regel behandelt:
- Verpflichtung der Mönche und Nonnen zu Armut und Keuschheit
- Tugenden: Gehorsamkeit, Schweigsamkeit, Demut
- Organisation des Klosters, Rangordnung
- Verpflichtung der Mönche und Nonnen zum Gebet („ora“)
- Genaue Anweisungen zu den Gottesdiensten und gemeinsamen Gebeten
- Täglich mussten alle 150 Psalmen gebetet werden.
- Verpflichtung der Mönche und Nonnen zur Arbeit („labora“)
- Beschreibung der verschiedenen Ämter und Arbeiten
- Verpflichtung der Mönche und Nonnen zum Studium der Schriften („lege“)
- Bußen und Strafen bei Verfehlungen

Im Jahre 1112 war der adlige Rittersohn Bernhard mit 30 Gefährten und Verwandten in das Kloster Citeaux eingetreten. Rasch erhielt er große Wertschätzung, und im Jahre 1115 wählte man ihn aus, dem neugegründeten Kloster Clairvaux als Abt vorzustehen. Damit begann die eigentliche Blütezeit des Zisterzienserordens. Bernhard von Clairvaux genoss bald aufgrund seiner hohen Bildung, seines diplomatischen Geschicks und seiner spirituellen Integrität bis hinein in die höchsten kirchlichen und politischen Kreise großes Ansehen. Er verkehrte mit Päpsten und Königen. Diese Reputation färbte natürlich auch auf den neuen Orden ab, sodass es nicht verwundert, dass bereits 1146 mit Eugen III. zum ersten Mal ein Zisterzienser zum Papst gewählt wurde.

Das größte Verdienst Bernhards war die schnelle Ausbreitung des Zisterzienserordens über ganz Europa. Existierte beim Eintritt Bernhards 1112 nur das Mutterkloster Citeaux, so gab es bei Bernhards Tod im Jahre 1153 bereits 350 Zisterzienserklöster in ganz Europa, davon allein in Frankreich 180. Rund 150 Jahre später war der Orden bereits auf 700 Klöster angewachsen, davon 250 in Frankreich. Dabei breiteten sich die Zisterzienser auf zweierlei Arten aus. Zu den zahlreichen Kloster-Neugründungen an Orten, an denen es vorher keine Klöster gegeben hatte, kamen viele bereits bestehende Klöster, die sich nun den Zisterziensern anschlossen. Die betont schlicht gestalteten Kirchen in den neu gebauten Klöstern sollten nach Bernhards Auffassung von Ästhetik und Architektur alle dieselben Dimensionen besitzen, sodass

Zisterziensermönche bei der Arbeit. Die Zisterzienser machten im Mittelalter große Landstriche urbar. Zeichnung von Wilhelm Riefstahl, um 1880

man hier durchaus von einem „Bernhardinischen Plan“ sprechen konnte. Die Bedeutung Bernhards als „Ordensvater“ der Zisterzienser war so groß, dass der Orden oftmals sogar als „Bernhardiner“ bezeichnet wurde. So bezeichnet sich noch heute der weibliche Zweig des Zisterzienserordens als „Bernhardinerinnen“.

Die Zisterzienser entwickelten sich zum ersten zentral organisierten Orden der Christenheit. Jede einzelne Abtei war zwar grundsätzlich eigenverantwortlich, auf der anderen Seite aber auf der Grundlage der einheitlichen Statuten des Zisterzienserordens von ihrem Mutterkloster abhängig und diesem gegenüber auch rechenschaftspflichtig. Von Anfang an legten die Zisterzienser großen Wert auf die Einheitlichkeit der Bauten, Bräuche und Tagesabläufe in allen ihren Klöstern. Das Motto ihres Zusammenlebens entstammte der „Carta Caritatis“ von Stephan Harding und lautete: „Una caritate, una regula similibusque vivamus moribus“ („Wir wollen in einer Liebe, unter einer Regel und nach einheitlichen Bräuchen leben“).

Intern führte die strenge Rückbesinnung auf die benediktinische Regel „Ora et labora“ („Bete und arbeite“) zu einer Entwicklung hin zu zwei verschiedenen, organisatorisch klar voneinander getrennten Gemeinschaften von Brüdern, die in den Zisterzienserklöstern unter einem Dach lebten. Für das „Ora“, das „Bete“, waren nun die so genannten Chormönche zuständig. Bei ihnen handelte es sich um Kleriker, oftmals um geweihte Priester, die sich ausschließlich um die Gottesdienste und um die sieben Stundengebete kümmerten. Die Chormönche rekrutierten sich aus den adligen Gesellschaftsschichten und stellten auch das Führungspersonal des Ordens. Demgegenüber entstand für das „labora“, das „arbeite“, nun die neue Gruppe von Laienbrüdern, die man als „Konversen“ bezeichnete. Sie waren von zahlreichen Gebetsverpflichtungen befreit und verrichteten den Hauptteil der Arbeiten, die im Kloster anfielen. Die Konversen wurden von den Chormönchen streng getrennt, sie lebten in einem eigenen Teil des Klosters und hatten auch in der Kirche eigene Sitze. Sie spielten für die Leitung des Ordens keine Rolle, die Grenze zwischen den beiden „Ständen“ war undurchlässig. Laienbrüder konnten nicht zu Chormönchen aufsteigen. Die Gruppe der Konversen rekrutierte sich vornehmlich aus niedrigen Gesellschaftschichten und lebte in den Zisterzienserklöstern als einfache Landarbeiter. Dabei vollbrachten sie mit ihren Händen große Leistungen, etwa die Bebauung der Ländereien des Ordens, die Urbarmachung von Wäldern und Sümpfen und letztlich die Mehrung des Wohlstands der Zisterzienser.

Nach den Wirren der Reformation und der anschließenden Religionskriege entwickelte sich im 17. Jahrhundert eine Reformbewegung, die eine Rückkehr zur Be-

Ansicht der Zisterzienserabtei Maulbronn, die auch heute noch zu den besterhaltenen und typischen Klosteranlagen des Mittelalters zählt. Rekonstruktionszeichnung aus dem 19. Jahrhundert, aus Pierers Konversationslexikon, 1891

folgung der ursprünglichen, strengeren Regel und zu einem strikt kontemplativen Leben anstrebte. Führender Kopf der Bewegung war Armand Jean Le Bouthillier de Rancé, seit 1637 Abt des französischen Zisterzienserklosters La Trappe in der Normandie. Die damaligen Zustände lassen sich gut an der Tatsache ablesen, dass der junge Adlige de Rancé das Kloster vom französischen Königshof als Pfründe bekam, ohne selbst zunächst jegliche geistlichen oder spirituellen Ambitionen zu haben. Erst 20 Jahre später wurde er bekehrt und begann seine Pflichten als Abt von La Trappe wahrzunehmen. Nun kehrte im Kloster eine strenge Hinwendung zur Askese und zu harter körperlicher Arbeit ein. Bald schlossen sich weitere Klöster den

Trappisten an und übernahmen deren Lebensweise. Nach dem Ausbruch der Französischen Revolution und der Aufhebung der Klöster durch die neuen Machthaber flohen 1790 einige Trappisten unter der Führung von Augustin de Lestrange in die Schweiz und übernahmen hier das aufgegebene Kartäuserkloster La Valsainte. Im Jahre 1794 verfasste de Lestrange eine Regel für die Trappisten, der sich auch in der Schweiz schnell weitere Klöster unterwarfen. Nach dem Einmarsch der Truppen Napoleons in die Schweiz wurden die Trappisten über den ganzen Kontinent verstreut, wo sie nach dem Sturz des „Kaisers der Franzosen" überall neue Klöster gründeten. Auch die alten Klöster in Frankreich wurden wiederbelebt, darunter auch La Trappe. Inzwischen hatten sich allerdings bereits wieder zwei Strömungen herausgebildet, von denen die eine weiterhin nach der ursprünglichen Regel von de Rancé, die andere nach der neueren Regel von de Lestrange lebte. Papst Leo XIII. vereinigte beide Kongregationen im Jahre 1892 zu einem einheitlichen Orden, der nun Orden der Reformierten Zisterzienser hieß. Zehn Jahre später erhielt der Orden als Zisterzienserorden der strengeren Observanz seinen auch heute noch gültigen Namen.

Durch seine reformatorischen Bestrebungen schuf Armand Jean Le Bouthillier de Rancé die Voraussetzung für die spätere Gründung des Trappistenordens. Zeichnung, 17. Jahrhundert, aus der „Französischen Ikonographie", Paris 1840

Die Trappisten im Überblick

Gründer: Armand Jean Le Bouthilier de Rancé
Gründung: 1657
Ordenstyp: monastisch, kontemplativ
Regel: benediktinisch
Die Regel behandelt:
- Verpflichtung der Mönche und Nonnen zu Armut und Keuschheit
- Tugenden: Gehorsamkeit, Schweigsamkeit, Demut
- Organisation des Klosters, Rangordnung
- Verpflichtung der Mönche zum Gebet („ora")
- Genaue Anweisungen zu den Gottesdiensten und gemeinsamen Gebeten
- Täglich mussten alle 150 Psalmen gebetet werden.
- Verpflichtung der Mönche und Nonnen zur Arbeit („labora")
- Beschreibung der verschiedenen Ämter und Arbeiten
- Verpflichtung der Mönche und Nonnen zum Studium der Schriften („lege")
- Bußen und Strafen bei Verfehlungen

Trappistenklöster gibt es heute in vielen Teilen der Welt. Das einzige Männerkloster in Deutschland ist die Abtei Mariawald in der Eifel. Ganz in der Nähe liegt auch eines der beiden deutschen Trapistinnenklöster, die Abtei Maria Frieden in Dahlem. Das andere ist die Trapistinnenabtei Gethsemani in Dannenfels. Viele Trappistenklöster sind durch ihre Produkte bekannt geworden, die sie der Öffentlichkeit in speziellen Klosterläden verkaufen, wie etwa das berühmte Trappistenbier, aber auch Liköre, Käse, Marmeladen oder Weihrauch.

Franz von Assisi und die Franziskaner

Am Übergang vom 12. zum 13. Jahrhundert war Italien im Aufruhr. Als 1198 der Staufer Friedrich II. zum König von Sizilien gekrönt wurde, war dieser erst vier Jahre alt. Seine Mutter Konstanze übernahm die Vormundschaft, starb aber drei Jahre später. Nun wurde Papst Innozenz III. Vormund des kindlichen Königs und nutzte dieses Amt, um die königliche Macht in Süditalien einzudämmen und die päpstliche Macht auszuweiten. Gleichzeitig wurde die Rechtmäßigkeit des Anspruchs Friedrichs auf den deutschen Königs- und Kaisertitel gleich von mehreren Seiten offen bestritten. Sowohl Philipp von Schwaben – ebenfalls ein Staufer – als auch der Welfe Otto IV. erhoben Anspruch auf die Krone. Es gab nun offenen Krieg zwischen Philipp und dem vom Papst unterstützten Otto, aus dem der Welfe als Sieger hervorging. Doch mit der Volljährigkeit Friedrichs wendete sich das Blatt und es kam nun zur militärischen Auseinandersetzung zwischen dem Staufer Friedrich und dem Welfen Otto, den Friedrich 1215 gewann. Der Papst hatte in dieser Zeit mehrfach die Fronten gewechselt, was ihm Friedrich am Ende sehr übelnahm. So war der nächste Konflikt schon vorprogrammiert.

In diese explosive Situation wurde 1181 in dem kleinen, zum Herzogtum Spoleto gehörigen und 15 Kilometer östlich von Perugia gelegenen Dorf Assisi Giovanni

Der große Ordensgründer Franz von Assisi verzichtet auf die irdischen Güter und gibt seinem Vater die Kleider zurück. Fresko von Giotto di Bondone in der Kirche San Francesco in Assisi, um 1295

Battista Bernardone geboren. Sein Vater, der ein wohlhabender Kaufmann war, gab dem Jungen den Rufnamen Francesco, auf lateinisch Franziskus. Der junge Francesco wurde in gute Schulen geschickt, um lesen, schreiben und rechnen zu lernen, damit er später einmal den väterlichen Kaufmannsbetrieb übernehmen könnte. Es ist überliefert, dass Francesco als Jugendlicher und junger Erwachsener mit dem Geld seines Vaters ein ausschweifendes Leben mit üppigen Festen und zahlreichen Gelagen geführt haben soll. Im Alter von 21 Jahren geriet Francesco dann zwischen die Mühlsteine der großen Politik. Das Dorf Assisi gehörte damals zum Einflussbereich der Staufer, das nahegelegene Perugia hingegen unterstützte im Thronstreit die Welfen. Ende 1202 zog Francesco mit den Staufern in den Krieg. Der Angriff auf Perugia scheiterte jedoch, Francesco wurde eingekerkert und kam erst nach über einem Jahr gegen eine Lösegeldzahlung seines Vaters wieder frei.

Der junge Mann war durch diese Erfahrung traumatisiert, und als der Papst ein Jahr später einen Feldzug gegen die Staufer in Süditalien führte, verweigerte sich Francesco dem Kriegsdienst. Der Legende nach war Gott dem jungen Mann im Traum erschienen und hatte mit ihm den berühmt gewordenen Dialog geführt: „Wer kann dir Besseres geben? Der Herr oder der Knecht?“ Franziskus: „Der Herr!“ Darauf Gottes Stimme: „Warum dienst du dem Knecht statt dem Herrn?“ Franziskus: „Was willst du Herr, das ich tun soll?“ Der Herr: „Kehre zurück in deine Heimat, denn ich will dein Gesicht in geistlicher Weise erfüllen.“ Daraufhin änderte Franziskus in der Folgezeit sein Leben radikal.

Die Franziskaner im Überblick

Gründer: Franz von Assisi
Gründung: 1209 als die Minderen Brüder
1516 Spaltung der Minderen Brüder in Franziskaner und Minoriten
1528 Abspaltung der Kapuziner von den Franziskanern
Ordenstyp: Bettelorden, apostolisch
Regel: franziskanisch
Die Regel behandelt:

- Verpflichtung der Ordensbrüder und -schwestern zu Armut, Gehorsam und Keuschheit
- Voraussetzungen für die Aufnahme in den Orden
- Verpflichtung der Ordensbrüder zur Predigt in der Bevölkerung (nach Erlaubnis durch den zuständigen Bischof)
- Kleidungsvorschriften
- Ernährungsvorschriften, Fastenzeiten
- Verbot von Geldbesitz
- Verpflichtung zum Betteln
- Bußen und Strafen bei Verfehlungen
- Organisation des Ordens
- Verhältnis zu den Bistümern

Er entsagte dem ausschweifenden Leben mit seinen Freunden und zog sich immer mehr in die Einsamkeit zurück. Nach einer weiteren Vision begann Franziskus ab 1206 mit dem Wiederaufbau kleiner, verfallender Kirchen und Kapellen im Umkreis von Assisi, wozu er allerdings in die Kasse des väterlichen Geschäfts griff. Während einer diesbezüglichen Gerichtsverhandlung im Jahre 1207 soll sich Franziskus von seinem Vater und symbolisch damit auch von allen irdischen Gütern mit den Worten losgesagt haben: „Bis heute habe ich dich meinen Vater genannt

Die Bettelmönche wurden lange Zeit als Ketzer gebrandmarkt und als vom Teufel geleitet dargestellt, wie auf diesem Kupferstich von Urs Graf von 1512. Aus der Öffentlichen Kunstsammlung Basel, Kupferstichkabinett

auf dieser Erde; von nun an will ich sagen: Vater, der du bist im Himmel." Fortan lebte er als Bettler und Einsiedler in der Gegend um Assisi und pflegte die Aussätzigen, die außerhalb der Stadtmauern leben mussten.

Im Jahre 1208 wandte sich Franziskus einem Leben zu, das wörtlich dem Evangelium folgen sollte. Ausschlaggebend war folgende Stelle des Matthäus-Evangeliums: „Geht aber und predigt. Umsonst habt ihr's empfangen, umsonst gebt es auch. Ihr sollt weder Gold noch Silber noch Kupfer in euren Gürteln haben, auch keine Reisetasche, auch nicht zwei Hemden, keine Schuhe, auch keinen Stecken" (Mt 10,8-10). Dies wird als „apostolisches Leben" (lat. „vita apostolica") bezeichnet, unterscheidet sich fundamental von der „vita contemplativa" der monastischen Orden. In der Folge verstand sich Franziskus als Büßer, bekleidete sich nur mit einer einfachen, mit einem Strick zusammengehaltenen Kutte, lehnte den Besitz von Geld streng ab und ging nach Möglichkeit barfuß. Mit der Zeit schlossen sich ihm immer mehr Gleichgesinnte an, die sich als „Mindere Brüder" bezeichneten.

Als Franziskus mit zwölf seiner Anhänger 1209 nach Rom ging, um von Papst Innozenz III. die Anerkennung ihrer Lebensweise zu erreichen, war dies nicht ungefährlich, denn viele der zu jener Zeit zahlreich entstehenden Armutsbewegungen wurden als Ketzer oder Häretiker verfolgt und wie die Katharer in Frankreich sogar militärisch bekämpft und vernichtet. Und so verwundert es nicht, dass man Franziskus am Heiligen Stuhl zunächst nahelegte, sich doch lieber einem der bestehenden Orden anzuschließen. Dennoch erreichte er es mit viel Geschick, dass der Papst seiner Gemeinschaft im Jahre 1210 informell die Erlaubnis erteilte, nach den eigenen Regeln ihres Bettelordens zu leben. Damit war allerdings zunächst keine offizielle Anerkennung verbunden.

In den Folgejahren wuchs die Bewegung rasch an und breitete sich über ganz Europa aus. Im Jahre 1219 nahm

Die Kreuzfahrer des fünften Kreuzzugs lieferten sich 1219 mit den Sarazenen eine blutige Schlacht um die ägyptischn Hafenstadt Damiette. Buchmalerei aus der Chronica majora von Matthäus Paris, um 1250

Franziskus im Rahmen des Fünften Kreuzzugs an dem Kreuzzug von Damiette teil, von dem er ein Jahr später an einer schweren Augeninfektion erkrankt heimkehrte. Die Leitung der Gemeinschaft, in der sich aufgrund der großen Ausbreitung inzwischen größere Spannungen aufgebaut hatten, fiel ihm nun immer schwerer. Nicht überall waren die Minderen Brüder mehr bereit, in der reinen Lehre nach dem Evangelium zu leben, sondern forderten die Einsetzung einer Regel nach dem Vorbild anderer Orden. Auch die rigorose Besitzlosigkeit stieß nun bei vielen Brüdern auf Kritik. Deshalb gab Franziskus die Ordensleitung 1220 an Petrus Catani ab. In dieser Situation griff allerdings jetzt der vier Jahre zuvor neu gewählte Papst Honorius III. ein. Er erließ eine hierarchische Verfassung für die Minderen Brüder und setzte einen „Kardinalprotektor und -korrektor“ ein, womit der Orden nun letztlich dem Papst unterstand. Franziskus zog sich immer mehr aus der von ihm gegründeten Gemeinschaft zurück, wurde aber im Jahre 1223 von der Kurie in Rom angewiesen, eine verbindliche Version einer franziskanischen Ordensregel zu verfassen, die noch im selben Jahr vom Papst genehmigt wurde. In gesundheitlich sehr schlechtem Zustand zog sich Franziskus 1224 auf den Berg La Verna in der Toskana zurück, wo er zwei

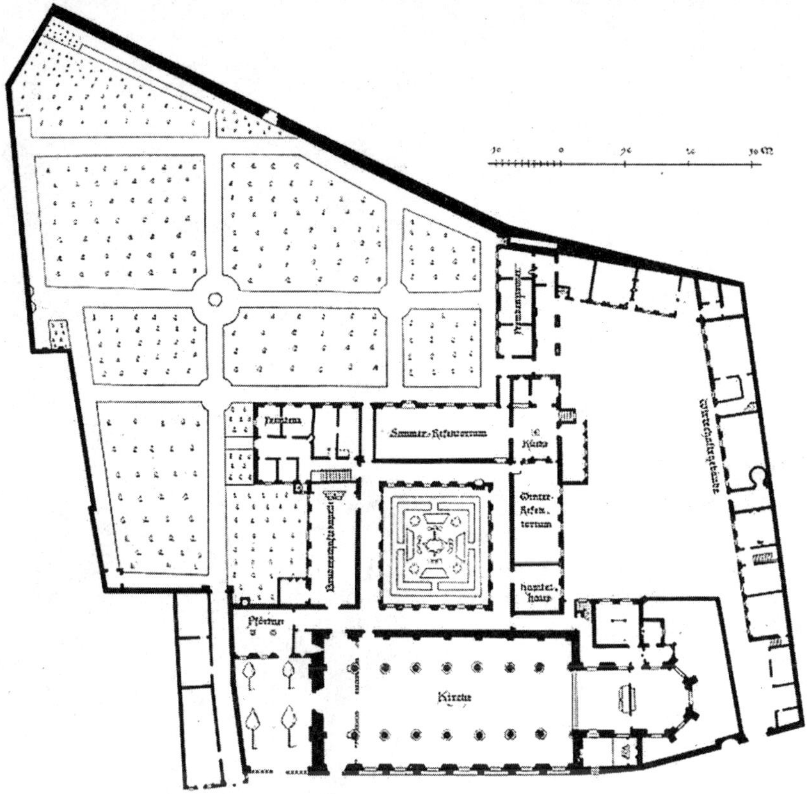

Grundriss des Franziskanerklosters in Aachen mit der Klosterkirche St. Nikolaus um 1737. Aus: Die Kunstdenkmäler der Stadt Aachen II von Karl Faymonville, 1922

Jahre später starb. Bereits vier Jahre später wurde er von Papst Gregor IX. heiliggesprochen.

In der Folgezeit entstanden aus den verschiedenen Strömungen des franziskanischen Ordens zahlreiche verschiedene Ordensgemeinschaften, die sich alle an der Ordensregel des Franziskus von 1223 orientieren. Manche davon waren sehr radikal in ihrer Forderung nach Armut und wurden vor allem im 14. Jahrhundert als Ketzer verfolgt. Heute spricht man von der franziskanischen Ordensfamilie und teilt die Gemeinschaften, die in der Tradition des Heiligen Franziskus stehen, in drei Gruppen auf. Als Ersten Orden bezeichnet man zunächst den 1517 von Franziskus selbst gegründeten Orden der Minderen Brüder, später die aus diesem Orden hervorgegangenen Minoriten und Franziskaner, schließlich den im 16. Jahrhundert entstandenen, nach noch strengerer Regel lebenden Kapuzinerorden. Der Zweite Orden umfasst alle Frauenorden, die nach der Regel der Heiligen Klara von Assisi leben, einer engen Weggefährtin des Heiligen Franziskus. Die Nonnen dieser Gemeinschaften werden als Klarissen bezeichnet. Der bereits 1221 gegründete Dritte Orden umfasst sämtliche Gemeinschaften von Laien, die nach der Regel des Heiligen Franziskus leben und dessen Ideale darüber hinaus in die Gesellschaft tragen wollen. Die zahlreichen Ordensgemeinschaften, die sich in den vergangenen Jahrhunderten im Dritten Orden gebildet haben, werden heute auch unter der Bezeichnung Franziskanische Gemeinschaft zusammengefasst.

Der Heilige Dominikus und die Dominikaner

Der Heilige Dominikus wurde im Jahre 1170 als Domingo de Guzmán als Sohn einer adligen Familie im spanischen Kastilien geboren. Seine Geburt fiel damit in eine Zeit, in der es im Inneren der katholischen Kirche zu großen Verwerfungen kam. Dies hatte damit zu tun, dass sich der höhere Klerus und die Klöster, in denen die Mönche vornehmlich nach der Regel des Heiligen Benedikt von Nursia lebten, sehr weit von der Lebenswirklichkeit der Gläubigen entfernt hatten. Auch wenn den Mönchen privater Besitz offiziell verboten war, hatten die Klöster durch Schenkungen, Erbschaften und Privilegien oftmals großen Reichtum angehäuft, dessen Zurschaustellung nicht nur im Volk, sondern zunehmend auch innerhalb der Kirche auf Kritik stieß. Die Kritiker forderten die Rückbesinnung auf die alten benediktinischen Ideale der Askese und der Armut. Vielerorts entstanden Reformbewegungen, die Abspaltung des neuen Ordens der Zisterzienser von der Familie der Benediktiner war eine der wichtigsten Entwicklungen. Aber auch an anderen Orten bildeten sich Re-

Der große Ordensgründer Dominikus de Guzmán auf einem Gemälde in seiner Zelle im Kloster Santa Sabina in Rom. Fotografie von Albert Brandt, 1900

formbewegungen, die dem Armutsideal nacheiferten.

Wie 300 Jahre später in der Reformation, so versuchten auch damals schon manche Landesherrn die neu entstehenden Bettelorden zu nutzen, um den weltlichen Einfluss Roms in ihren Gebieten zu schwächen. Dadurch wurden manche Armutsbewegungen für den Heiligen Stuhl zum politischen Problem, wie etwa die Katharer – die auch als Albigenser bezeichnet wurden – in Südfrankreich und Oberitalien. Diese sahen sich durch ihre radikale Abkehr von allem Materiellen und Hinwendung zur Seele und zum Jenseits als die „wahren Christen“. Ihr Erfolg ließ sie zu einer Gefahr für die päpstliche Kirche werden, da sie sich immer mehr als „Gegenkirche“ etablierten. Papst Innozenz III. rief im Jahre 1209 zum Kreuzzug gegen die zu Ketzern erklärten Katharern auf, der 20 Jahre dauern sollte und als Albigenserkreuzzug bekannt geworden ist.

Zu jener Zeit bereiste Dominikus die Gegenden Südfrankreichs, in denen die Katharerbewegung am stärksten war. Schon im kindlichen Alter von fünf Jahren hatte die religiöse Ausbildung des kleinen Dominikus durch seinen Onkel begonnen. Bereits mit 14 Jahren studierte er Theologie und Philosophie. Der jugendliche Dominikus beeindruckte seine Umwelt durch seine mitfühlende Art und große Hilfsbereitschaft den Notleidenden gegenüber. Nach seinem Studium wandte er sich zunächst einem kontemplativen Leben zu und trat dem Orden der Augustiner bei. Später jedoch fühlte er in sich immer stärker den Wunsch zum Predigen, und so wandte er sich den Katharergebieten zu in der Hoffnung, die Ketzer durch Predigten wieder in den Schoß der Kirche zurückzuführen. Doch stieß er hier zunächst nicht auf allzu viel Gegenliebe, denn die Atmosphäre war in Südfrankreich durch die überaus brutale Kriegsführung sehr vergiftet. So war bereits 1209 die Stadt Béziers bis auf die Grundmauern niedergebrannt worden, alle 20.000 Einwohner waren von den Papsttreuen hingemetzelt worden – ob Ketzer oder treuer Katholik. Der Anführer der päpstlichen Truppen, der Abt Arnold Amalrich, soll das der Legende nach mit den Worten befohlen haben: „Tötet sie alle, Gott wird die Seinen schon erkennen!“

Die Dominikaner im Überblick

Gründer: Dominikus de Guzmán
Gründung: 1215
Ordenstyp: Bettelorden, apostolisch
Regel: augustinisch
Die Regel behandelt:
- Verpflichtung der Ordensbrüder und -schwestern zu Armut, Gehorsam und Keuschheit
- Verpflichtung der Ordensbrüder und -schwestern zu einem Leben in Liebe und Eintracht
- Verpflichtung der Ordensbrüder und -schwestern zu gegenseitiger sozialer Kontrolle
- Verpflichtung der Ordensbrüder und -schwestern zum regelmäßigen Gebet

Ergänzungen der Regel:
- Verpflichtung der Ordensbrüder zur Predigt in der Bevölkerung (nach Erlaubnis durch den zuständigen Bischof)
- Verpflichtung der Ordensbrüder zum Kampf gegen die Ketzer
- Kleidungsvorschriften
- Ernährungsvorschriften, Fastenzeiten
- Bußen und Strafen bei Verfehlungen
- Organisation des Ordens

Doch trotz aller Anfeindungen, Beleidigungen und auch körperlicher Angriffe ließ sich Dominikus in seinem Leben als Wanderprediger und in seinem Glauben daran nicht beirren, dass es wesentlich bessere Mittel zur Bekämpfung von Ketzerei gab als rohe kriegerische Gewalt. In der Zeit seines Wanderpredigertums in Südfrankreich bot man Dominikus insgesamt dreimal ein Bistum an, aber jedes Mal lehnte er ab. Stattdessen gründete er 1215 mit sechs Mitstreitern in Toulouse

Das Innere der Kirche des Dominikanerklosters Frankfurt am Main um 1777, Zeichnung von J. Vögelin

ein erstes Kloster. Papst Innozenz III. seinerseits lehnte wiederum die Anerkennung der von Dominikus verfassten Ordensregel ab, weil zu jener Zeit Klostergründungen nur auf der Grundlage bereits bestehender Ordensregeln gestattet waren. Daraufhin nahm die kleine Gemeinschaft die Ordensregel der Augustiner an, ergänzte sie jedoch um eine Punkte. Der wichtigste war das Armutsgebot, denn Dominikus hatte erkannt, dass es vor allem die ungehemmte Zurschaustellung des materiellen Prunks der Kirche und ihrer Amtsträger war, die überall den Nährboden für „Ketzerei" und Häresie bereitete. Im Jahr darauf wurde der neue Orden des Dominikus dann vom Papst doch bestätigt. Er nannte sich Orden der Prediger – das ist bis heute der offizielle Name der Dominikaner.

Im Gegensatz zu anderen Reformorden – etwa den Minderen Brüdern des Heiligen Franziskus von Assisi – stand bei den Dominikanern von Anfang an eine solide intellektuelle Ausbildung im Zentrum. Der Grund: Um sich nicht mit Waffen, sondern geistig mit dem Ketzertum auseinanderzusetzen, brauchte man einen scharfen Verstand und gute Argumente, denn beides besaßen die Wortführer der Ketzer auch. Schnell wuchs der neue Predigerorden an und breitete sich in Spanien, Italien, Frankreich, Deutschland, England, Ungarn und Skandinavien aus. Innerhalb von nur vier Jahren entstanden in Europa nicht weniger als 60 neue Klöster. Seine letzten Lebensjahre verbrachte Dominikus damit, von Kloster zu Kloster zu reisen und viel beachtete Predigten zu halten. Dabei soll er der Legende nach über 10.000 „Ketzer" zum rechten Glauben bekehrt haben. Im Jahre 1220 wurde in Bologna die erste Generalversammlung des noch jungen Ordens abgehalten. Man überarbeitete die Ordensregel noch einmal und gab dem Orden eine Organisationsform, die bis heute ihre Gültigkeit bewahrt hat. Man verschärfte gleichzeitig noch einmal das Armutsprinzip, sodass nicht nur den einzelnen Mönchen der persönliche Besitz verboten war, sondern ebenfalls dem Kloster der gemeinschaftliche Besitz. Damit waren die Weichen hin zu einem Bettelorden gestellt. Diese Entwicklung konnte Dominikus noch ein Jahr lang verfolgen, bis er am 6. August 1221 nach längerer Krankheit in Bologna verstarb.

Der berüchtigte spanische Großinquisitor Tomás de Torquemada (1420-1498) stammte aus dem Orden der Dominikaner. Zeichnung eines unbekannten Meisters, 15. Jahrhundert

War es zu Dominikus' Lebzeiten der größte Auftrag der Dominikaner gewesen, die Ketzer und Häretiker durch Predigt und Vorbild wieder auf den „rechten Pfad" zu führen, erhielt der Orden von Papst Gregor IX. ab 1231 den Auftrag, im Rahmen der Heiligen Inquisition die Ketzer aufzuspüren und zu verfolgen. In dieser Aufgabe tat sich der Orden praktisch das ganze Mittelalter neben den Franziskanern besonders hervor. Die bedeutendsten Inquisitoren aus den Reihen der Dominikaner waren Bernard Gui, Walter Kerlinger, Tomás de Torquemada und Jakob van Hoogstraten. Im Spätmittelalter und der Frühen Neuzeit wirkten Dominikaner auch bei der großen Hexenverfolgung mit, wie etwa Heinrich Kramer, der Autor des berüchtigten Hexenhammers. Diese Tätigkeiten brachte den Dominikanern den Beinamen „Domini canes" ein, was soviel bedeutet wie „die Hunde des Herrn".

Wie bei anderen Orden auch, wurde im Laufe des Mittelalters die Strenge der Regel von außen und innen allmählich aufgeweicht. So erging es bei den Dominikanern auch dem strengen Armutsprinzip, das im 14. Jahrhundert allmählich immer mehr gelockert wurde. Ordensbrüder durften nun Schenkungen annehmen, was in vielen Klöstern zur Bildung von Reformbewegungen führte, die die ursprüngliche Armutsregel wieder einsetzen wollten. Doch im Jahre 1425 erlaubte Papst Martin V. einzelnen Klöstern Besitz und feste Einnahmen. 50 Jahre später dehnte Papst Sixtus IV. diese Erlaubnis auf den gesamten Orden aus. Heute leben in den Klöstern der Dominikaner weltweit 6000 Brüder und 20.000 Schwestern, die überwiegend karitativ tätig sind.

Augustinus von Hippo und die Augustiner

Einer der wichtigsten Kirchenlehrer der Christenheit war der berühmte Augustinus von Hippo, der im Jahre 354 im Ort Thagaste im heutigen Algerien geboren wurde und 430 im Ort Regius Hippo an der Mittelmeerküste – auch das liegt im heutigen Algerien – starb. Der Heilige Augustinus war eine treibende intellektuelle Kraft am Übergang von der Spätantike zum Frühmittelalter. Er verstand es, die Geisteswelt der überragenden antiken Philosophen so mit der christlichen Lehre zu verbinden, dass ihr eigentlich polytheistisches Weltbild mit dem christlichen Glauben vereinbar wurde. Darüber hinaus verhalf er der christlichen Kirche im Westteil des Römischen Reiches durch seine Schriften zur Findung einer eigenen Identität jenseits ihrer Funktion als Staatskirche eines untergehenden Reiches und half damit, ihr Überleben in den Wirren der Völkerwanderung zu sichern. Zahlreiche seiner Werke haben auch heute, 1600 Jahre später, nichts von ihrer Aktualität eingebüßt und gelten immer noch

Die älteste Darstellung des Heiligen Augustinus von Hippo stammt aus dem 6. Jahrhundert und findet sich in Rom in der Kapelle Sancta Sanctorum in der Bibliothek von Papst Gregor dem Großen im Lateranspalast.

als Fundamente des christlichen Glaubens.

In jungen Jahren studierte Augustinus Rhetorik und reiste danach sehr viel umher. Schließlich gelangte er 383 nach Italien und wurde im Folgejahr als Lehrer für Rhetorik nach Mailand gerufen. Hier bestand seine Hauptaufgabe darin, Lobreden auf römische Amts- und Würdenträger zu verfassen und zu halten. Im Jahre 386, sechs Jahre nach der Erhebung der christlichen Religion zur alleinigen Staatsreligion des Römischen Reiches, wurde er dann durch eine Vision zum christlichen Glauben bekehrt und wandte sich einem asketischen und eremitischen Leben zu, wobei er eine Schar Gleichgesinnter um sich sammelte. 391 zog er mit seiner Gemeinschaft über das Mittelmeer nach Hippo Regius, wo er noch im selben Jahr von Bischof Valerius zum Priester geweiht wurde und das erste christliche Kloster in Afrika gründete. 395, in dem Schicksalsjahr der Aufteilung des Römi-

Der Tod des Heiligen Augustinus während der Belagerung von Hippo durch die Vandalen. Ölgemälde von Ottaviano Nelli (1375-1444)

schen Reiches in eine West- und eine Osthälfte, wurde Augustinus nach dem Tode des Valerius neuer Bischof von Hippo Regius. Dazu musste er sein Eremitentum natürlich aufgeben, doch zeigte er sich seiner Gemeinschaft dadurch verbunden, dass er eine Regel für Männer und für Frauen verfasste, die das Leben in den klösterlichen Gemeinschaften organisierte. Im Jahre 430 verstarb Augustinus während der Belagerung von Hippo Regius durch die Vandalen.

Wie der Heilige Benedikt von Nursia war also auch der Heilige Augustinus von Hippo kein Ordensgründer im eigentlichen Sinne. Der erste augustinische Orden wurde erst im Jahre 1256 gegründet,

Die Augustiner im Überblick

Gründer: Papst Alexander VI.
Gründung: 1256
Ordenstyp: Bettelorden, apostolisch (ab 1256)
Regel: augustinisch
Die Regel behandelt:
- Verpflichtung der Mönche und Nonnen zu Armut, Gehorsam und Keuschheit
- Verpflichtung der Mönche und Nonnen zu einem Leben in Liebe und Eintracht
- Verpflichtung der Mönche und Nonnen zu gegenseitiger sozialer Kontrolle
- Verpflichtung der Mönche und Nonnen zum regelmäßigen Gebet

Ergänzungen der Regel:
- Verpflichtung der Mönche zur Predigt in der Bevölkerung
- Kleidungsvorschriften
- Ernährungsvorschriften, Fastenzeiten
- Bußen und Strafen bei Verfehlungen
- Organisation des Ordens

und zwar von niemand anderem als Papst Alexander VI. höchstselbst. Dabei fasste man die regionalen Gemeinschaften der Einsiedler des Heiligen Augustinus, der Toskanischen Eremiten, der Janboniten, der Brictinenser und der Wilhelmiten zu dem neuen Orden der Augustiner-Eremiten. Als Grundlage diente eine überarbeitete und modernisierte Fassung der zu diesem Zeitpunkt schon über 800 Jahre alten Augustinusregel, die damals vor allem als Regel der Chorherren in zahlreichen Dom- und Stiftskapiteln in Gebrauch war.

Neben den Franziskanern, Dominikanern und Karmeliten waren die Augustiner-Eremiten der vierte große Bettelorden des Mittelalters. Der bekannteste Augustinermönch war wohl der große Reformator Martin Luther. In den Verwerfungen der Reformation und den Wirren der

Das Augustinerkloster in Konstanz war während des Konzils von Konstanz 1414-1418 der Sitzungsort der spanischen Nation. Stich von Johann Mathias Steudlin, um 1750

sich daran anschließenden Religionskriege kam es zu zahlreichen Abspaltungen vom Orden der Augustiner-Eremiten; so entstand etwa 1610 der Orden der Augustiner-Barfüßer. Im Jahre 1963 wurde der Name des Ordens von Papst Paul VI. in Augustiner umgewandelt, weil das Eremitentum schon längst kein zentraler Bestandteil des Ordens mehr war. Heute leben hunderte von Gemeinschaften nach der Regel des Heiligen Augustinus, sowohl in Orden wie den Augustinern oder den Augustinerinnen als auch in Laienorden, Stifts- und Domkapiteln und anderen Kongregationen.

Der Orden der Karmeliten

Das 12. Jahrhundert war das Zeitalter der großen Kreuzzüge ins „heilige Land". Nach der Eroberung Jerusalems im Jahre 1099 durch die Christen wurden im Orient mehrere Kreuzfahrerstaaten gegründet. Doch diese waren schwach und konnten sich kaum gegen die umgebenden moslemischen Reiche halten. Deshalb wurden bis zum Ende des 13. Jahrhunderts vier weitere Kreuzzüge geführt, um die Kreuzfahrerstaaten zu stabilisieren, was letztlich aber nicht gelang. Im Jahre

Der Aufruf zum ersten Kreuzzug lautete: „Deus lo vult – Gott will es!" Nach einem Gemälde von A. Banaise, um 1870

1244 geriet die Stadt Jerusalem wieder in moslemische Hände, und 1291 fiel mit Akkon die letzte Bastion des ehemaligen christlichen Königreichs Jerusalem.

Kurz nach dem Ende des Zweiten Kreuzzuges (1147-1149) siedelte sich um 1150 herum auf dem Berg Karmel in Palästina eine kleine Gemeinschaft von Kreuzfahrern und Pilgern an. Sie bezeichnete sich selbst als „Orden der Brüder der seligsten Jungfrau Maria vom Berge Karmel“. Sie lebten in der Nähe des Eliasbrunnens und sahen sich selbst in der Tradition des alttestamentarischen Propheten Elija, der die Israeliten über 2000 Jahre zuvor vom Irrglauben an den Gott Baal abgebracht und zum rechten Glauben an Gott zurückgeführt hatte. Bis heute verehren die Karmeliten jeglicher Couleur den Propheten Elija als ihren Ordensgründer. Auch in ihrer Lebensweise brachten sie das damals schon zum Ausdruck: Die Brüder lebten als Eremiten ein asketisches, völlig von der Welt abgewandtes und streng kontemplatives Leben.

Die spanische Nationalheilige Teresa von Ávila auf einem Ölgemälde von Peter Paul Rubens, 1615, Kunsthistorisches Museum, Wien

Während sie die ersten 50 Jahre zunächst ohne Ordensregel auskamen, schienen um die Jahrhundertwende zum 13. Jahrhundert die Probleme des Zusammenlebens doch so groß geworden zu sein, dass die Brüder den Heiligen Albert, den 1204 von Papst Innozenz III. zum lateinischen Patriarchen von Jerusalem ernannten Bischof von Vercelli, um die Ausarbeitung einer Regel baten. Um 1206 gab Albert den Brüdern die erste Ordensregel der Karmeliten, die das rein kontemplative, auf Gebet, Askese und Eremitentum ausgerichtete Leben bestätigte.

Gut 30 Jahre später hatten die moslemischen Heere die Kreuzfahrerstaaten so weit in die Defensive gedrängt, dass der

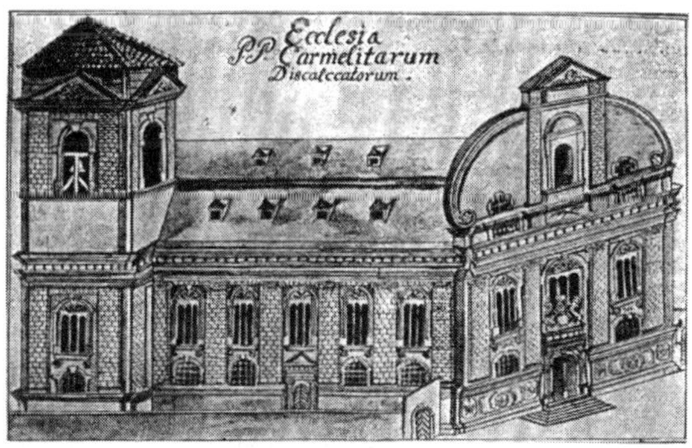

Das Kloster der Unbeschuhten Karmeliten in Heidelberg wurde nach dem Reichsdeputationshauptschluss 1803 aufgegeben und 1810 zerstört, Stich von Johann Franz Feiherr von Wickenburg, 1753

Standort des Klosters auf dem Berg Karmel nicht mehr sicher war. Im Jahre 1238 mussten die Karmeliten deshalb ihr Kloster aufgeben und die Flucht nach Europa antreten. Kurz darauf änderte Papst Innozenz IV. die Regel der Karmeliten, sodass der Orden fortan ein ganz neues Gesicht bekam. Zwar war das Eremitentum als mönchisches Ideal immer noch möglich, doch wurde der Orden durch die Regeländerung ab 1247 auch für die Seelsorge und das Studium der Wissenschaften geöffnet.

Die Karmeliten im Überblick

Gründer: Der Prophet Elija; Regel von Albert von Jerusalem
Gründung: um 1150, Regel von 1206
Ordenstyp: monastisch, kontemplativ
Regel: karmelitisch
Die Regel behandelt:
- Verpflichtung zu Armut und Keuschheit
- Verpflichtung zum Eremitentum
- Tugenden: Gehorsamkeit, Schweigsamkeit, Demut
- Organisation des Klosters, Rangordnung
- Verpflichtung zum Gebet
- Bußen und Strafen bei Verfehlungen

Das 14. Jahrhundert brachte dem Orden der Karmeliten eine Blütezeit, während der er sich über beinahe ganz Europa ausbreitete. Dies war auch die Zeit, in der sich immer mehr Frauen der neuen Regel anschlossen und schließlich den Orden der Karmelitinnen gründeten. Wie bei allen anderen geistlichen Orden auch, schlug die Krise der katholischen Kirche ab dem 15. und vor allem 16. Jahrhundert voll auf die Gemeinschaften durch und stellte die Karmeliten auf so manche Zerreißprobe. Die Folge war das Entstehen von Reformbewegungen innerhalb der Karmeliten, die den Orden wieder näher an die alten Ideale heranführen wollten. Stattdessen kam es aber zur Gründung der Barfüßerinnen-Karmelitinnen unter Teresa de Ávila (1562) und der Barfüßer-Karmeliter unter Johannes vom Kreuz (1568). Im Jahre 1593 spalteten sich diese beiden Orden der Unbeschuhten im Streit vom Stammorden ab. Die Trennung besteht bis heute. Zwar verloren die Karmeliten während der Reformation durch die Aufgabe zahlreicher Klöster in den protestantischen Gebieten viel von ihrem Gewicht, konnten dies aber durch die Aufnahme der Missionierung in den neu entdeckten Gebieten der Neuen Welt zum Teil wieder ausgleichen. Heute leben in den verschiedenen karmelitischen Orden und Gemeinschaften über 20.000 Brüder und Schwestern nach der Regel von 1247, dazu kommen noch einmal zahlreiche Laienbrüder und -schwestern.

Der Kartäuserorden

Der Orden der Kartäuser geht auf den Heiligen Bruno von Köln zurück, der sich im Jahre 1084 mit sechs Gefährten in der Bergwelt der westlichen Alpen in der Nähe der französischen Stadt Grenoble niederließ. Die Gegend hieß Chartreuse, und in der Nähe der Ortschaft St.-Pierre-de-Chartreuse errichteten die Eremiten ein erstes Kloster. Da die eremitische Lebensform in der damaligen Zeit eine große Anziehungskraft besaß, wundert es nicht, dass die Gemeinschaft schnell anwuchs und damit einen Ausbau des Klosters erforderlich machte. So entstand La Grand Chartreuse, die große Kartause, das Mutterkloster des Kartäuserordens. Auch wenn die Ordensgründung auf den Heiligen Bruno zurückkehrt, war es doch nicht er, der die erste Ordensregel verfasste. Das war zunächst auch gar nicht nötig, da alle neuen Brüder die bestehende Lebensweise einfach übernahmen. Das funktionierte allerdings immer schlechter in

Der Heilige Bruno von Köln, Gründer des Kartäuserordens. Aus dem Leben der Kirchenväter, Märtyrer und anderer Heiliger von Alban Butler, 1771

dem Maße, in dem die Gemeinschaft wuchs. Als die Kartäuser sich auch in andere Länder auszudehnen begannen, entstand im Jahre 1127 die erste Regel, die 1133 von Papst Innozenz II. genehmigt wurde. Doch es sollte noch bis 1170 dauern, bis die Kartäusergemeinschaft von Papst Alexander III. als Orden anerkannt wurde. 1145 entstand die erste Gemeinschaft von Frauen, die nach der Art der Kartäuser lebten. Aus ihr entstand der weibliche Ordenszweig. Seine Blütezeit hatte der Kartäuserorden im Spätmittelalter, als er sich auch in den Städten ausbreitete. In der heutigen Zeit ist der Kartäuserorden neben den Trappisten der einzige Orden, der noch ein streng kontemplatives Leben pflegt. Das einzige Kloster in Deutschland ist die Kartause Marienau im Allgäu.

Die Kartäuser im Überblick

Gründer: Bruno von Köln
Gründung: 1084 Chartreuse, 1127 Regel
Ordenstyp: monastisch, kontemplativ
Regel: Guido der Kartäuser
Die Regel behandelt:

- Verpflichtung zum Eremitentum
- Verpflichtung zu Armut und Keuschheit
- Verpflichtung zu einem Leben in Liebe und Demut
- Organisation des Klosters, Rangordnung
- Gestaltung des Gemeinschaftslebens
- Anweisungen zu den Gottesdiensten und gemeinsamen Gebeten
- Vorschriften für das Leben der Mönche in den Klosterzellen

Darstellung der Abtei Prémontré, des Ortes der Gründung des Prämonstratenserordens durch den Heiligen Norbert von Xanten. Aquarellmalerei von Tavernier de Joniquières, um 1780

Der Orden der Prämonstratenser

Im 12. Jahrhundert gab es zahlreiche Wanderprediger, die besitzlos als Bettler umherzogen und das Wort des Herrn verkündeten. Einer von ihnen war der Adlige Norbert von Xanten. Er war bereits als Kind in ein Stift eigetreten und hatte als junger Chorherr in höchsten kirchlichen und politischen Kreisen verkehrt und sowohl Papst als auch Kaiser persönlich kennengelernt. Ihm standen eine glänzende Karriere und ein Leben in Prunk und Reichtum bevor, als er im Alter von rund 30 Jahren ein einschneidendes Bekehrungserlebnis hatte. In der Folgezeit verzichtete er auf materiellen Besitz und führte das Leben eines Wanderpredigers. Schnell schlossen sich ihm Gleichgesinnte an. Im Jahre 1120 gründete Norbert mit 13 weiteren Gefährten im französischen Prémontré bei Laon ein erstes Kloster. Doch blieb er selbst nicht dort, sondern führte sein rastloses Wanderleben fort, wobei er an zahlreichen Orten auf der Basis der Regel des Heiligen Augustinus von Hippo weitere Klöster und Gemeinschaften ins Leben rief. Von Anfang an handelte es sich dabei um Klöster, in denen Männer und Frauen gemeinsam lebten, wenn auch organisatorisch getrennt. Doch waren diese Doppelklöster nicht unproblematisch, und so ging man ab 1137 daran, für die Frauen eigene Klöster zu gründen. Die Lebensweise der Prämonstratenser unterschied sich von derjenigen der Benediktiner dadurch, dass erstere kein streng kontemplatives Leben führten, sondern sich auch nach außen hin engagierten, etwa in der Seelsorge. Bereits 1126 erkannte Papst Honorius II. den neuen Orden offiziell an. Im selben Jahr nahm Norbert das Amt des Erzbischofs von Magdeburg an und gab sein Wanderleben dafür auf. Gleichzeitig trat er von seinen Funktionen im Orden zurück und übergab die Leitung an Hugo von Fosses. In den Niederlanden und Belgien werden die Prämonstratenser bis heute als Norbertiner bezeichnet.

Die Prämonstratenser im Überblick

Gründer: Norbert von Xanten
Gründung: 1120
Ordenstyp: monastisch, kontemplativ, aber auch apostolisch („vita mixta")
Regel: augustinisch
Die Regel behandelt:
- Verpflichtung zu Armut, Gehorsam und Keuschheit
- Verpflichtung zu einem Leben in Liebe und Eintracht
- Verpflichtung zu gegenseitiger sozialer Kontrolle
- Verpflichtung zum regelmäßigen Gebet

Ergänzungen der Regel:
- Verpflichtung der Mönche zur Seelsorge
- Kleidungsvorschriften
- Ernährungsvorschriften, Fastenzeiten

Der Jesuitenorden

Eine der bedeutendsten Ordensgründungen am Übergang des Spätmittelalters zur Frühen Neuzeit war die Gründung der Gesellschaft Jesu (Societas Jesu), auch kurz als Jesuiten bezeichnet. Der Orden wurde im Jahre 1534 von dem baskischen Adligen Ignatius von Loyola gegründet. Ignatius wurde 1491 geboren und schlug als junger Mann zunächst eine militärische Laufbahn ein, die allerdings durch eine schwere Kriegsverletzung früh beendet wurde. Nach einigen spirituellen und mystischen Erlebnissen wandte er sich einem religiös geprägten Lebensweg zu. Er reiste viel umher und studierte an zahlreichen Orten. Im Jahre 1535 erlangte er in Paris den akademischen Grad eines Magister Artium. Im Sommer des Vorjahres hatte er sich in Paris mit einigen Gefährten durch Gelübde zu einer Gemeinschaft verbunden. Dabei gelobten sie, eine Wallfahrt nach Jerusalem durchzuführen und dort als Seelsorger zu arbeiten. Dieser Plan erwies sich jedoch als utopisch – schließlich war erst 1453 Konstantinopel in die Hände des moslemischen Osmanischen Reiches gefallen, das jetzt den östlichen Mittelmeerraum und den gesamten Orient beherrschte. So wandte sich die Gemeinschaft nach Rom und unterstellte sich 1537 Papst Paul III., der in jener Zeit auf dem Höhepunkt der Reformation mit einem gravierenden Machtverlust zu kämpfen hatte. Bereits drei Jahre später bestätigte der Papst die Regel des neuen Ordens, die neben den drei üblichen Elementen Armut, Ehelosigkeit und Gehorsam gegenüber Gott als vierten Pfeiler eine besondere absolute Gehorsamspflicht

Der Gründer des Jesuitenordens, Ignatius von Loyola, auf einem zeitgenössischen Porträt aus dem 16. Jahrhundert

Die Jesuiten im Überblick

Gründer: Ignatius von Loyola
Gründung: 1534
Ordenstyp: apostolisch
Regel: Ignatius von Loyola
Die Regel behandelt:
- Verpflichtung zu Gehorsamkeit innerhalb des Ordens
- Verpflichtung zu besonderem persönlichem Gehorsam gegenüber dem Papst
- Verpflichtung zur Unterwerfung unter die katholische Kirche
- Verpflichtung zur Missionierung und Bekämpfung der Reformation
- Verpflichtung zur Bildung und Schärfung des Intellekts als Voraussetzung für die Erneuerung der katholischen Kirche

gegenüber dem Papst enthielt. So wurde der Jesuitenorden zum wichtigen Instrument der Gegenreformation und der katholischen Erneuerung. Er breitete sich schnell in vielen Ländern aus. Von ihren Ordenshäusern aus gründeten die Jesuiten zahlreiche Bildungseinrichtungen wie Schulen und Universitäten.

Die geistlichen Ritterorden

Mit dem Einsetzen der Kreuzzugsbewegung um die Jahrhundertwende vom 11. zum 12. Jahrhundert entstand ein ganz neues Phänomen: die Ritterorden. Sie bestanden zunächst nur aus Adligen, nach der Umwandlung in geistliche Ritterorden dann aus adligen Klerikern. Die geistlichen Ritterorden begleiteten die Pilger und Kreuzfahrer auf ihrer beschwerlichen Reise in das Heilige Land, pflegten Kranke und Sterbende und wurden seelsorgerisch tätig. Im Heiligen Land selbst unterhielten viele von ihnen Hospize. Die negative Entwicklung der Kreuzzüge brachte eine Intensivierung und Brutalisierung der Kriegshandlungen mit sich, und in deren Verlauf entwickelten sich einige Ritterorden zu militärischen Eliteeinheiten. Dies galt beispielsweise für den Templerorden, der auch unter den Namen Templer, Tempelritter oder Tempelherren bekannt war. Sein offizieller Name lautete „Arme Ritterschaft Christi und des salomonischen Tempels zu Jerusalem“. Gegründet wurde er 1118 in Jerusalem. Als erster Orden überhaupt verband er ritterliche mit mönchischen Idealen, was zuvor als undenkbar galt. In einem spektakulären Prozess wurde der Templerorden auf Wunsch des französischen Königs Philipp IV. von Papst Clemens V. zerschlagen, die Templer galten fortan als Ketzer.

Der „Orden vom Spital des Heiligen Johannes zu Jerusalem" war unter verschiedenen Namen bekannt. 1099 im Heiligen Land gegründet, widmete er sich ausschließlich der karitativen Arbeit. Zu dieser Zeit nannte man ihn entweder Hospitaliterorden oder Johanniterorden. Nach dem Verlust des Heiligen Landes nahm er seinen Hauptsitz auf der Insel Malta und wurde nun als Malteserorden bezeichnet. In der Reformation wurde er getrennt, der katholische Teil firmiert heute als Malteserorden, der evangelische Teil als Johanniterorden.

Kreuzzug ins Heilige Land: Wegen der unvorstellbaren Strapazen, ständiger Nahrungsknappheit und schwerer Krankheiten kamen viele Kreuzritter schon unterwegs um. Die geistlichen Ritterorden kümmerten sich um die Gebrechlichen und Kranken. Gemälde von Gustave Doré, um 1870

Der Deutsche Orden ging 1190 aus dem Deutschen Haus zu Akkon hervor, ebenfalls einem Hospiz. Früh verschrieb er sich militärischen Zielen, insbesondere der Schwertmission. Nach dem Ende der Kreuzzüge und dem gescheiterten Versuch einer eigenen Staatsgründung in Rumänien gelang dies schließlich an der Ostsee, wo der Deutsche Orden im späteren Ostpreußen und im Baltikum einen eigenen Staat aufbaute. Hauptsitz war die Feste Marienburg an der Memel. Von dieser aus führten die Ordensritter bis ins 15. Jahrhundert hinein blutige Missionsfeldzüge nach Nordosteuropa. Heute befindet sich der Hauptsitz des Ordens in Wien.

Die großen Frauen der Ordensgeschichte

Dieser Band wäre nicht vollständig ohne die großen Frauen der Ordensgeschichte. Sie waren nicht immer Ordensgründerinnen, doch wäre die Geschichte der geistlichen Orden ohne sie ganz gewiss anders verlaufen. Von Anfang an waren es natürlich nicht nur Männer, die sich nach spirituellen oder mystischen Erlebnissen zu religiösen Gemeinschaften zusammenschlossen. Neben der Figur des Mönches erscheint fast zeitgleich auch die Nonne auf der Bildfläche. Heute begreift man als Nonnen die weiblichen Mitglieder eines religiösen Ordens, die in klösterlicher Abgeschiedenheit und nach kontemplativer Art leben. Wenn sie jedoch an einer Vita activa teilnehmen, etwa in karitativer oder pädagogischer Funktion, spricht man hingegen von Ordensschwestern.

Eine leuchtende Gestalt des Mittelalters war die deutsche Äbtissin und Mystikerin Hildegard von Bingen. Sie wurde zur Zeit des ersten Kreuzzugs im Jahre 1098 als zehntes Kind einer adligen Familie geboren. Im Alter von acht Jahren begann ihre religiöse Erziehung, und mit 14 Jahren kam sie in das Benediktinerkloster Disibodenberg. Hier blieb sie bis 1147, als sie nach langem Streit mit der Klosterleitung und hartem Kampf mit den zuständigen Bischöfen bis hin zu Papst Eugen III. endlich die Erlaubnis bekam, ein eigenes Kloster zu gründen. Dies war das Kloster Rupertsberg an der Nahe, dem sie dann bis zu ihrem Tode im Jahre 1179 als Äbtissin vorstand. Ihre schon zu Lebzeiten überaus große Popularität bezog Hildegard aus ihren göttlichen Visionen, von der der gesamte damalige Klerus bis hin in höchste Kreise außerordentlich beeindruckt war, sowie aus ihrer liebenswürdigen, vertrauensvollen Art im Umgang mit den Menschen. Darüber hinaus erregte sie großes Aufsehen mit ihren wissenschaftlichen Schriften, die für die damalige Zeit in der Tat beeindruckend waren und teilweise heute noch nichts von ihrer Aktualität eingebüßt haben. Die Universalgelehrte verfasste sowohl bedeutende theologischen Werke wie die Glaubenslehre „Scivias" („Wisse die Wege"), das ethische Visionswerk „Liber Vitae Meritorum" („Buch der Lebensverdienste") und das Weltbild „Liber Divinorum Operum" („Welt und Mensch"). Dazu kommen zahlreiche medizinische und naturkundliche Schriften wie „ Causae et Curae" („Ursachen und Heilungen") über die Entstehung und Behandlung von verschiedenen Krankheiten. Dabei bezog sie auch Edelsteine und Metalle in ihre Therapien mit ein. Im „Liber subtilitatum diversarum naturarum creaturarum" („Buch über die Beschaffenheit und

Die Heilige Hildegard von Bingen empfängt eine göttliche Inspiration. Miniatur aus dem Rupertsberger Codex des Liber Scivias, 12. Jahrhundert

Heilkraft der verschiedenen Kreaturen und Pflanzen") vereinte sie das mittelalterliche Wissen über Krankheiten und Pflanzen mit dem Wissen der Volksmedizin. Obwohl bereits 1228 ein Antrag auf Heiligsprechung gestellt wurde, ist diese bis heute offiziell nicht erfolgt.

Nur 15 Jahre nach dem Tode Hildegards von Bingen wurde 1194 in Umbrien in Italien Klara von Assisi geboren. Die Adlige hörte als junges Mädchen den Heiligen Franziskus predigen und wandte sich dann mit 18 Jahren einem kontemplativen Leben zu. Franziskus brachte sie zunächst in einem Kloster der Benediktinerinnen unter. Später stellte er ihr die von ihm selbst aufgebaute Kapelle von San Damiano zur Verfügung. Schnell schlossen sich ihnen zahlreiche weitere Frauen an, sodass die kleine Gemeinschaft rasch anwuchs. Im Jahre 1216 verfasste Klara eine Ordensregel, in der sie verlangte, „einfach das Evangelium unseres Herrn Jesus Christus zu beachten". Dies war die erste Ordensregel überhaupt, die von einer Frau für Frauen verfasst wurde. Für ihre Zeit war sie sehr demokratisch und betonte vor allem die Eigenverantwortung jeder einzelnen Schwester. Bald entstanden Klöster der Klarissen in ganz Europa. Klara selbst lebte bis zu ihrem Tode im Jahre 1253 in strenger Klausur im Kloster San Damiano. Bereits zwei Jahre später wurde sie von Papst Alexander IV. heiliggesprochen. Heute gehören die Klarissen, die als „Zweiter Franziskanischer Orden" bezeichnet werden, zu den zwei größten Frauenorden der Welt. Der zweite ist der Orden der Unbeschuhten Karmelitinnen, ein Frauenorden, der im Jahre 1562 von der spanischen Nationalheiligen, Kirchenlehrerin und Ordensgründerin Teresa von Ávila ins Leben gerufen wurde.

Fresko der Heiligen Klara von Assisi in der Kirche San Francesco in Assisi, von Simone Martini, um 1325

Die Geschichte der abendländischen Klöster

Die Geschichte der christlichen Klöster ist beinahe genauso alt wie die Geschichte des Christentums insgesamt. Die ersten Gemeinschaften von Eremiten und Asketen entstanden bereits zu der Zeit, als die Christen im Römischen Reich immer wieder verfolgt wurden. Ihre Gründung mag viel damit zu tun haben, dass diese ersten Gemeinschaften in der Einsamkeit fernab von der Betriebsamkeit der römischen Metropolen ihren Glauben ungestört ausüben konnten. Seit jener Zeit ist die Geschichte der Klöster auch ein Abbild der Geschichte Europas, was aber nicht weiter verwunderlich ist, waren sie doch seit ihrer Entstehung ein zentraler Bestandteil der christlichen Tradition.

Eine erste Phase der christlichen Klostergeschichte ist die Zeit der Verlagerung aus dem östlichen Mittelmeerraum hin zum Westen, vor allem zunächst nach Nordafrika und Italien. Gründe dafür findet man in dem Entstehen der monastischen Bewegung, die in der östlichen, orthodoxen Kirche zu keinem Zeitpunkt eine derartig große Bedeutung erlangen konnte wie in der römischen Kirche. Ab dem 8. Jahrhundert wurde diese Entwicklung noch massiv verstärkt durch das Aufkommen und expansive Vordringen des Islam im östlichen Mittelmeerraum und in Nordafrika, wodurch auch das Byzantinische Reich massiv unter Druck gesetzt wurde.

Christenverfolgungen gab es im römischen Reich bis zu Beginn des 4. Jahrhunderts. Auf diesem römischen Mosaik ist die Hinrichtung von Christen während der Christenverfolgung unter Diokletian durch wilde Tiere dargestellt.

Ab dem Beginn des Hochmittelalters setzte eine „Blütezeit" der Orden und Klöster ein. Ausgehend von einer tiefen Krise der Kirche nach dem Ende des Karolingerreiches machten sich die Klöster zu Motoren des Wandels und der Reform. Bald breiteten sich die damals vorherrschenden Benediktinerabteien über alle europäischen Länder aus. Vor allem in wohlhabenden Gegenden waren die Klöster oft sehr reich und zeigten dies nach außen auch durch Pracht und Prunk. Das setzte eine ganze Reihe von Reformbestrebungen in Gang, an deren Ende die Ordenslandschaft in Europa sehr viel bunter und vielfältiger geworden war. Gleichzeitig veränderte sie sich aber auch sehr stark, denn die monastischen Klöster erlebten durch die Verlagerung der Klosterbewegung in die Städte einen starken Bedeutungsverlust.

Bald brachen für alle Orden sehr schwere Zeiten der Wirren an, beginnend mit der Reformation, die die einige römische Kirche zerriss und in ihre bis dahin tiefste Krise überhaupt stürzte. Riesige

Gebiete sollten der katholischen Kirche und ihren Orden für Jahrhunderte verloren gehen, denn die klösterliche Lebensform spielte im Protestantismus von vornherein keine Rolle. Es folgte der Dreißigjährige Krieg, der ab 1618 große Gebiete Deutschlands verwüstete und Hand in Hand mit der Pest weitgehend menschenleer machte. Mehrere Generationen verloren ihre Existenzgrundlage, und erst 100 Jahre später erreichte das Reich wieder die Bevölkerungszahl von 1618.

Danach sollte es nicht allzu lange dauern, bis mit der Französischen Revolution ein historisches Großereignis eintrat, dessen Folgen am Ende in ganz Europa zu spüren waren. Der Reichsdeputationshauptschluss von 1803 war nichts anderes als der Versuch eines Vernichtungsschlags gegen die Kirche, ihre Orden und Klöster. Nur der Niederlage Napoleons gegen die Völker Europas ist es möglicherweise zu verdanken, dass es heute überhaupt noch Klöster gibt. An ihre alte geistige Führungsrolle des Hochmittelalters konnten die Klöster danach allerdings nie wieder anknüpfen.

Die alten Klöster des Orients

Im Jahre 311 unterzeichnete der römische Kaiser Galerius in Derdica, der heutigen bulgarischen Hauptstadt Sofia, ein Toleranzedikt, das den Christen im Römischen Reich die volle Religionsfreiheit gewährte. Damit endeten endlich die drei Jahrhunderte andauernden Christenverfolgungen im Reich. Nach dem Tode des Galerius bestätigte Kaiser Konstantin der Große in Mailand 313 dieses Edikt. Wegen der geschichtlichen Bedeutung Konstantins wird heute oft historisch ungenau

Der „Galgenbaum" war nur einer der zahlreichen unvorstellbaren Grausamkeiten des Dreißigjährigen Kriegs. Zeichnung von Jacques Callot, 1632, Art Gallery of New South Wales, Sydney

Konstantin der Große mit einem Modell der Stadt Konstantinopel, Ausschnitt aus einem Mosaik in der Hagia Sophia, Istanbul, um 1000

diese Mailänder Vereinbarung als das eigentliche Toleranzedikt bezeichnet. Für die damaligen Christen galt jedenfalls ab 311 wieder die Freiheit, ihre Religion in der Öffentlichkeit auszuüben sowie Kirchen und andere religiöse Orte zu bauen, beispielsweise Klöster.

Nach dem Tode von Kaiser Theodosius des Großen wurde das Römische Reich im Jahre 395 endgültig in ein Weströmisches und ein Oströmisches Reich geteilt. Damit trennten sich auch die Wege der Christen in den beiden neuen Reichen. Während das Weströmische Reich 476 mit der Absetzung des nur 15-jährigen Kaisers Romulus Augustulus („Kaiserchen") endete, sollte das Oströmische Reich noch fast 1000 Jahre weiterbestehen, bis es – als „Byzantinisches Reich" – mit der Eroberung Konstantinopels durch die Osmanen im Jahre 1453 endgültig zerstört wurde. Doch handelte es sich dabei nur noch um einen letzten Akt, das Reich bestand zuletzt praktisch nur noch aus der Stadt Konstantinopel selbst. Seit der arabischen Expansion im 7. Jahrhundert war das Byzantinische Reich in der Defensive gewesen und verlor nach und nach riesige Gebiete an die Araber und später an das Osmanische Reich. Der Verlust des Heiligen Landes löste in Westeuropa schließlich die Kreuzzüge aus.

Für die damals im Orient bestehenden Klöster ergab sich daraus eine gefährliche Situation, denn sie waren nun plötzlich christliche Exklaven auf islamischem Territorium. Die allermeisten von ihnen wurden von den neuen Herren dem Erdboden gleichgemacht. Nicht so jedoch das im äußersten Südosten der Türkei an der Grenze zu Syrien gelegene syrisch-orthodoxe Kloster Mor Gabriel. Es besteht bereits seit dem Jahre 397 und war viele Jahrhunderte lang ein wichtiges religiöses Zentrum mit einer riesigen Bibliothek, bis es 1915 auf Befehl der osmanischen Regierung völlig zerstört wurde. Alle Bewohner wurden ermordet, und erst nach dem Sturz der osmanischen Sultane konnte es ab 1919 wieder aufgebaut werden. In den folgenden Jahrzehnten sah sich das Kloster zunehmenden Repressalien seitens der türkischen Regierung ausgesetzt, die sich in den letzten Jahren eher noch verstärkt haben. Ähnlich ergeht es dem nicht weit entfernt gelegenen Kloster Deir Az-Zafaran, dessen Geschichte bis ins 5. Jahr-

Die Belagerung und der Fall Konstantinopels durch die Türken im Jahre 1453 war das Ende des Byzantinischen Reiches. Buchmalerei von Jean Chartier aus der Chronique, um 1475

hundert zurückreicht. Von 1160 bis 1932 residierte hier der Patriarch der syrisch-orthodoxen Kirche. Im Gegensatz zu Mor Gabriel wurde Deir Az-Zafaran allerdings nicht zerstört und verfügt heute noch über sehr alte Gebäude und eine große Bibliothek. Dennoch versuchen die türkischen Behörden alles, um dem Kloster das Leben so schwer wie möglich zu machen.

Mehr Toleranz genießt hingegen das Katharinenkloster am Fuße des Berges Sinai in Ägypten. Es wurde um 550 an jener Stelle gegründet, an der sich der brennende Dornbusch befunden haben soll, in dem sich Gott dem Moses offenbarte. Ursprünglich der Gottesmutter Maria geweiht, wurde es später nach der Heiligen Katharina von Alexandria benannt, jener Märtyrerin, die im Jahre 306 auf persönlichen Befehl von Kaiser Maxentius auf grauenhafte Weise zu Tode gefoltert worden war. Im 19. Jahrhundert entdeckte man hier die älteste erhaltene Bibelhandschrift, den Codex Sinaiticus aus dem 4. Jahrhundert. Heute ist das Katharinenkloster griechisch-orthodox und gehört keinem Orden an. Gemeinsam mit dem Nonnenkloster im Wadi Firan bildet es aktuell die kleinste der autonomen christlich-orthodoxen Kirchen im Orient.

Nach dem Heiligen Antonius, dem Begründer des christlichen Mönchtums, ist das Antoniuskloster Quzhaya im Libanon benannt. Sein genaues Gründungsdatum liegt im Dunkel der Geschichte verborgen. Seit dem 12. Jahrhundert, als sich die christlichen Maroniten mit den ankommenden Kreuzrittern verbündeten, war das Antoniuskloster Sitz des syrisch-maronitischen Patriarchen. Heute gehört es zum maronitischen Orden der Baladiten, der nach der Regel des Heiligen Antonius lebt und im Jahre 1772 von Papst Klemens XIV. anerkannt wurde. Zum Antoniuskloster gehört ausgedehnter Grundbesitz, sodass es heute eines der reichsten Klöster des Orients ist.

„Gotenzug": In der Zeit der Völkerwanderung ging die alte Ordnung Europas unter. Ölgemälde von Arnold Böcklin, 1881

Die ersten christlichen Klöster im Abendland

Ab der Mitte des 4. Jahrhunderts beschleunigte sich der Zusammenbruch des Römischen Reiches. Sichtbar wurde diese Entwicklung vor allem durch den Umstand, dass immer mehr Germanenvölker auf römischem Boden eigene Königreiche errichteten, beginnend mit den Westgoten im Gebiet des heutigen Bulgariens über die Ostgoten im Gebiet des heutigen Serbiens bis hin zu den Langobarden an der mittleren Donau im heutigen Österreich. Diese Reiche waren oftmals nur von sehr kurzer Lebensdauer, wurden aber meist schnell an anderer Stelle wiedererrichtet. So gründeten die Westgoten ihr erstes Reich an der Donaumündung im Jahre 382, um 398 waren sie am Mittelmeer bei Albanien, 401 weiter nördlich in Kroatien, 418 dann bereits schon an der südfranzösischen Atlantikküste, und 494 eroberten sie Spanien. Ähnliches gilt auch für die Vandalen, die Ostgoten, die Burgunder, die Langobarden, die Franken und andere Völker. Diese Prozesse werden heute als „Völkerwanderung" zusammengefasst.

Zu dieser Zeit waren die meisten dieser Germanen keine Heiden mehr, sondern bereits zum Christentum bekehrt worden. Allerdings hingen sie nicht der römischen Auslegung des Christentums an, sondern waren Anhänger des damals weit verbreiteten Arianismus, der auf den Priester Arius aus Alexandria zurückging. Er zweifelte die Lehre von der göttlichen Dreieinigkeit an und bestritt insbesondere den göttlichen Charakter von Jesus Christus. Für die Menschen in den germanischen Königreichen in den Gebieten des Weströmischen Reiches bedeutete dies de facto, dass die herrschende Schicht eine andere Glaubensauffassung vertrat als der Großteil der Bevölkerung. Dies mag ein Grund dafür gewesen sein, dass sich besonders treue Anhänger der römischen Lehre von der Welt abwandten und sich zu engen Glaubensgemeinschaften zusammenschlossen. Jedenfalls begann genau um diese Zeit herum die erste Welle von Klostergründungen in Europa.

Bischof Sankt Martin von Tours teilt seinen Mantel und gibt eine Hälfte dem Bettler. Holzstich aus dem Buch „Legende von den lieben Heiligen Gottes", 1863

Zu den allerersten christlichen Klöstern des Abendlandes zählt das Kloster Marmoutier bei Tours an der Loire im Westen Frankreichs. Es wurde um 375 von keinem Geringeren als dem heiligen Bischof Martin von Tours gegründet, dem berühmten Sankt Martin, der wie kaum ein anderer Heiliger für die christliche Nächstenliebe steht. Jedes Kind kennt heute bei uns die Geschichte von Sankt Martin, der in eiskalter Winternacht einem in Lumpen gekleideten Bettler seinen halben Mantel gibt, und jedes Jahr wird sein Gedenktag mit großen Umzügen und Martinsfeuern begangen. In den Jahren bis 371 hatte Martin als Eremit in Höhlen in jener Gegend um Tours gelebt und eine kleine Gemeinschaft Gleichgesinnter um sich geschart. Das Kloster selbst hat er allerdings dann erst geründet, nachdem er im Jahre 371 zum Bischof von Tours ernannt worden war. Doch auch als Bischof bewahrte sich der Heilige Martin seine mönchische Lebensweise.

Im Jahre 853 wurde das Kloster Marmoutier von den Normannen zerstört, die mit ihren Flachbodenbooten die Loire hinaufgesegelt kamen und weite Teile des Frankenreiches in Verwüstung stürzten. Um das Jahr 1000 herum schloss sich Marmoutier der benediktinischen Regel

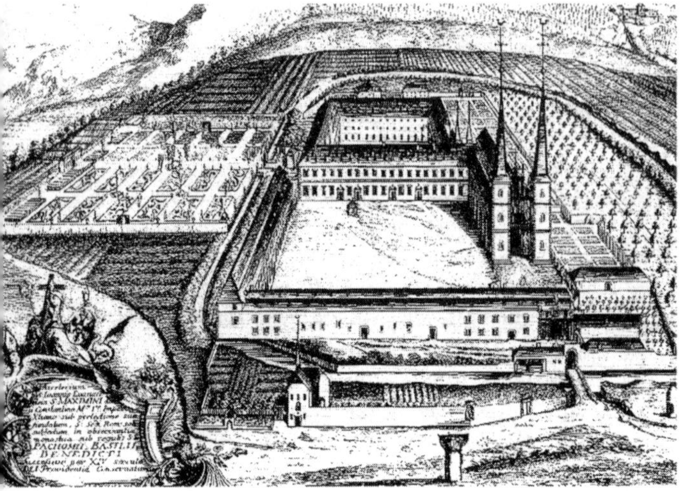

Die Reichsabtei St. Maximin in Trier entwickelte sich zu einem der mächtigsten deutschen Klöster. Stich aus dem 17. Jahrhundert

an und suchte den engen Zusammenschluss mit dem berühmten Kloster Cluny im Burgund. In der Französischen Revolution nutzte man das Kloster Marmoutier zunächst als Militärhospital, später dann wie die meisten großen Abteien Frankreichs als „Steinbruch“ für die Gewinnung von Baumaterial. Heute sind nur noch das Portal, die Ringmauer und das Haus des Priors erhalten.

Das älteste Kloster auf heute deutschem Grund ist die Abtei St. Maximin in Trier. Sie geht bereits auf das 4. Jahrhundert zurück, als hier um 350 der verstorbene Bischof Maximin beigesetzt wurde. Direkt bei seinem Grab wurde im 6. Jahrhundert eine Abtei gegründet, deren Mitglieder nach der Regel des Heiligen Benedikt von Nursia lebten. Auch dieses Kloster wurde ein Opfer der Normannen, die es im Jahre 882 im Rahmen ihres großen Angriffs auf das Karolingerreich zerstörten. Nach dem Wiederaufbau wurde die Abtei direkt dem Kaiser unterstellt, woraufhin ein jahrhundertelanger Streit um die Reichsunmittelbarkeit der Reichsabtei begann. Erst im Jahre 1669 endete dieser mit der Unterwerfung des Klosters unter die Landeshoheit von Kurtrier. Nur fünf Jahre später zerstörten französische Truppen die Abtei vollständig. Nach dem Wiederaufbau wurde St. Maximin im Zweiten Weltkrieg erneut völlig zerstört. Die verbliebenen Gebäude dienen heute als Schule und Veranstaltungsort.

Eine der wichtigsten Klostergründungen am Übergang von der Spätantike zum Frühmittelalter war die Gründung des

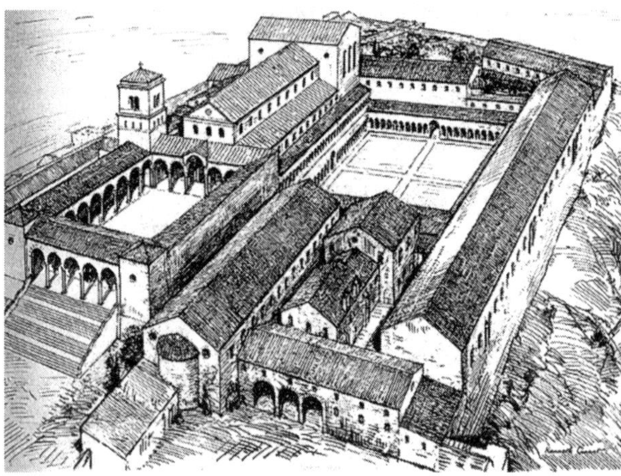

Zeichnung des Klosters Montecassino aus dem 19. Jahrhundert, nach der die Abtei nach dem Zweiten Weltkrieg rekonstruiert wurde

Klosters Montecassino durch den Heiligen Benedikt von Nursia im Jahre 529. Dieses Kloster und vor allem auch die von Benedikt verfasste Regel sollten wegweisend sein für die gesamte Entwicklung der monastischen Bewegung bis heute. Benedikt hat die Ordensgemeinschaft der Benediktiner nicht selbst gegründet, aber ohne die von ihm verfasste Regula Benedicti gäbe es sie auch nicht. Im Mittelalter war das auf einem 516 m hohen felsigen Hügel westlich der Stadt Cassino zwischen Rom und Neapel gelegene Kloster Montecassino eines der bedeutendsten geistlichen Zentren des Abendlandes. Karl der Große besuchte Montecassino im Jahre 787 und ließ sich eine Abschrift der Benediktsregel aushändigen, die nach Karls Tod auf dem Aachener Konzil (816-819) als allein zulässige Mönchsregel festgelegt wurde. Im Laufe der Jahrhunderte wurde das Kloster Montecassino trotz seiner geschützten Lager mehrfach zerstört, so etwa bereits 577, keine 50 Jahre nach seiner Gründung, durch die Langobarden, dann im Jahre 883 von den Sarazenen, 1349 durch ein schweres Erdbeben und zuletzt 1944 durch die Alliierten des Zweiten Weltkriegs, die in dem Kloster fälschlich einen Unterschlupf für deutsche Soldaten vermuteten. Erst nach der Bombardierung rückten die Deutschen in die Ruinenlandschaft ein, und was bis zu diesem Zeitpunkt noch stehen geblieben war, wurde in dem folgenden Stellungskrieg vollends vernichtet. Nach dem Krieg wurde Montecassino vom italienischen Staat nach originalen Bauplänen wiederaufgebaut.

Karl der Große, der „Vater Europas"

Um die Mitte des 8. Jahrhunderts geriet das damals noch von merowingischen Königen regierte Frankenreich in eine tiefe innere und moralische Krise. Ein größerer Teil der fränkischen Stämme drohte sich vom Christentum ab- und seinen ehemaligen heidnischen Religionen wieder zuzuwenden. Gleichzeitig wehrten sich die heidnischen Sachsen in Norddeutschland erfolgreich gegen die Christianisierung und die Eingliederung ins Frankenreich. Auch an der gesamten Ostgrenze siedelten slawische Völker, die bisher

Karl der Große (Mitte) mit den Päpsten Gelasius I. (links) und Gregor I. (rechts), Buchmalerei aus dem Sakramentar Karls des Kahlen, um 870

großflächig jeder noch so brutal durchgeführten Schwertmission widerstanden.

Als Karl der Große im Jahre 768 König wurde, erkannte er rasch, dass eine groß angelegte Neuordnung und Festigung der inneren Verhältnisse des Frankenreiches dringend notwendig war. Eine herausragende Rolle sollte dabei die Kirche spielen. Durch die Gründung zahlreicher neuer Bistümer, deren Bischöfe von Karl selbst ernannt wurden, und die durchgreifende Stärkung des Klerus insgesamt machte Karl die Kirche zu dem zentralen einigenden Faktor seines ansonsten doch eher heterogenen Reichsverbandes. Dazu gehörten auch großzügige Schenkungen an die Bistümer und die Einführung des Zehnten zur materiellen Absicherung der Kirche. Der innere Zusammenhalt der Institution sollte durch regelmäßige Synoden und Visitationen sowie durch die Anhebung des Bildungsstandes vor allem des niederen Klerus gewährleistet werden.

Auch die monastische Bewegung erfuhr durch Karl den Großen eine tiefgreifende Reform. So hatte der König im Jahre 787 das noch vom Heiligen Benedikt von Nursia selbst gegründete Kloster Montecassino besucht und sich eine authentische Kopie der legendären Benediktsregel aushändigen lassen. Diese auf den Pfeilern „ora et labore" basierende Regel wurde nun für alle Klöster im Frankenreich verbindlich. Das gab der Bildung des benediktinischen Ordens enormen Anschub, zumal die Abteien gleichzeitig zusätzlich noch mit umfangreichen materiellen Privilegien ausgestattet wurden. Durch die auf eine kontemplative Lebensführung ausgerichtete Benediktsregel kam es nun erstmals zu einer grundlegenden Abgrenzung der Mönche vom Weltklerus. Die Benediktsregel fand nun aber nicht nur auf die Mitglieder der Klöster Anwendung, sondern in etwas abgemilderter Form auch auf die Mitglieder von Kanonikerstiften und Domkapiteln.

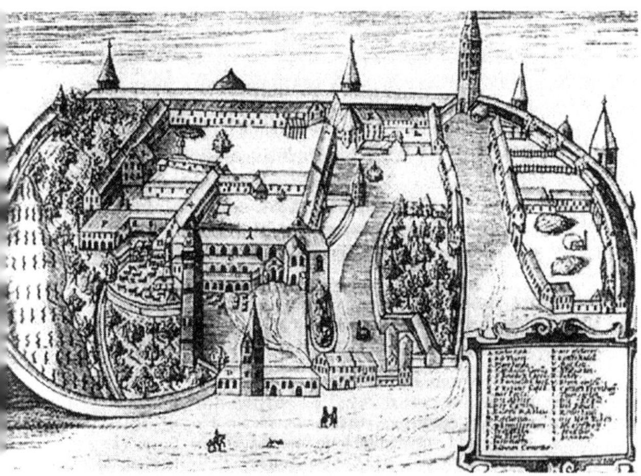

Die Abtei St. Emmeram bei Regensburg gehörte bereits um 1000 zu den wichtigsten Abteien Deutschlands. Kupferstich, um 1618

Die erste große „Blütezeit" der Klöster begann. Wichtige neu gegründete oder bedeutend vergrößerte und schnell auch sehr reiche Abteien waren Fulda, Trier, St. Emmeram bei Regensburg, Freising, Tegernsee, Reichenau auf der gleichnamigen Insel im Bodensee, Mondsee und St. Gallen. In letzterer Abtei entstand um 790 der Codex Abrogans, ein lateinisch-deutsches Wörterbuch, das als das älteste deutsche Buch überhaupt gilt. Überhaupt waren die Klöster der Hauptträger der karolingischen Bildungsreform, die Karl der Große energisch vorantrieb. Hintergrund der Reform waren Karls Pläne, eine Verwaltungspraxis für das Frankenreich einzuführen, die auf der Schriftlichkeit der Verwaltung beruhte. So bekamen die Klöster, aber auch die Bistümer durch die Weisungen „Epistula de litteris colendis" („Bildungsbrief") und „Admonitio generalis" („allgemeine Ermahnung") den Auftrag zur Gründung von Schulen. Zu diesem Zweck wurden viele Abteien ausgebaut und entwickelten sich zu intellektuellen Zentren, an denen begabte Schüler Informationen und Bücher erhielten und darüber hinaus wichtige persönliche Beziehungen knüpfen konnten.

Die Klöster im Mittelalter

Im Hochmittelalter setzte sich die große Blütezeit der Klöster fort. Die Weichen dafür hatte Karl der Große durch seine Reformen gestellt, und kurz nach seinem Tod wurde auf dem Konzil von Aachen im Jahre 814 die benediktinische Regel als einzige erlaubte Regel klösterlichen Zusammenlebens festgelegt. Gemeinsam mit der großzügigen materiellen Ausstattung der Klöster führte dies dazu, dass bald überall im Frankenreich neue Benediktinerabteien gegründet oder bereits bestehende Klostergemeinschaften in Benedik-

Die Benediktinerabtei Mont St.-Michel in der französischen Normandie gehört zu den bekanntesten und spektakulärsten Klöstern der Welt. Fotografie, 2011

tinerabteien umgewandelt wurden. Auch der Zerfall des Frankenreiches in zunächst drei, später dann nur noch zwei Teile vermochte dieser Entwicklung keinen Abbruch zu tun. Schnell entwickelten sich die Klöster zu Zentren des geistlichen Lebens, darüber hinaus aber auch zu Orten der handwerklichen Kunst und des landwirtschaftlichen Fortschritts und mit ihren teilweise großen Klosterbibliotheken und -schulen zu Stätten der Bildung, Forschung, Lehre und Wissenschaft. Die Bedeutung der mittelalterlichen Klöster für die Bewahrung des seit der Antike erworbenen und für die Wiedererlangung des seit der Antike verlorenen Wissens kann gar nicht hoch genug eingeschätzt werden.

So wurden die Klöster im Mittelalter zu Zentren der abendländischen Kultur in allen ihren Facetten. Insbesondere Bücher, aber auch andere kunsthandwerkliche Gegenstände wurden beinahe ausschließlich in Klöstern hergestellt. In mühe- und kunstvoller Kleinarbeit kopierten die Mönche alte Bücher und versahen sie mit Miniaturen. Mit diesem Monopol der Schriftlichkeit spielten die Klöster aber auch eine große Rolle für die politische Verwaltung, in deren Auftrag ebenfalls

Blick über den Laacher See mit der Benediktinerabtei Maria Laach im Hintergrund. Kupferstich von William Tombleson, um 1840

viele Schriften erstellt wurden. Auch für die repräsentative Seite der Politik taten die Klöster einiges: So wurden etwa die Reichskleinodien des Heiligen Römischen Reiches von Mönchen hergestellt und zumindest teilweise auch aufbewahrt, wie etwa im 11. Jahrhundert in der Benediktinerabtei Limburg bei Dürkheim in der Pfalz.

Darüber hinaus entwickelten sich die Benediktinerabteien vielerorts zu den größten landwirtschaftlichen Betrieben, in denen oft moderne Techniken des Landbaus und der Pflanzenzucht angewendet wurden, etwa im Acker-, Obst- und Weinbau. Aus der genauen Kenntnis und der Anwendung der in den Klostergärten angebauten Kräuter- und Heilpflanzen entstand in vielen Klöstern ein breites Wissen über die Heilkunde, wie man etwa an den diesbezüglichen Schriften der deutschen Äbtissin Hildegard von Bingen sehen kann. Aus diesem Wissensvorsprung der Klöster, von dem auch die im Umkreis lebende Landbevölkerung profitieren konnte, ergab sich deren wichtige Bedeutung für die Missionierung von zumindest im Früh- und Hochmittelalter noch reichlich vorhandenen heidnischen Gegenden Europas. Bereits Karl der Große

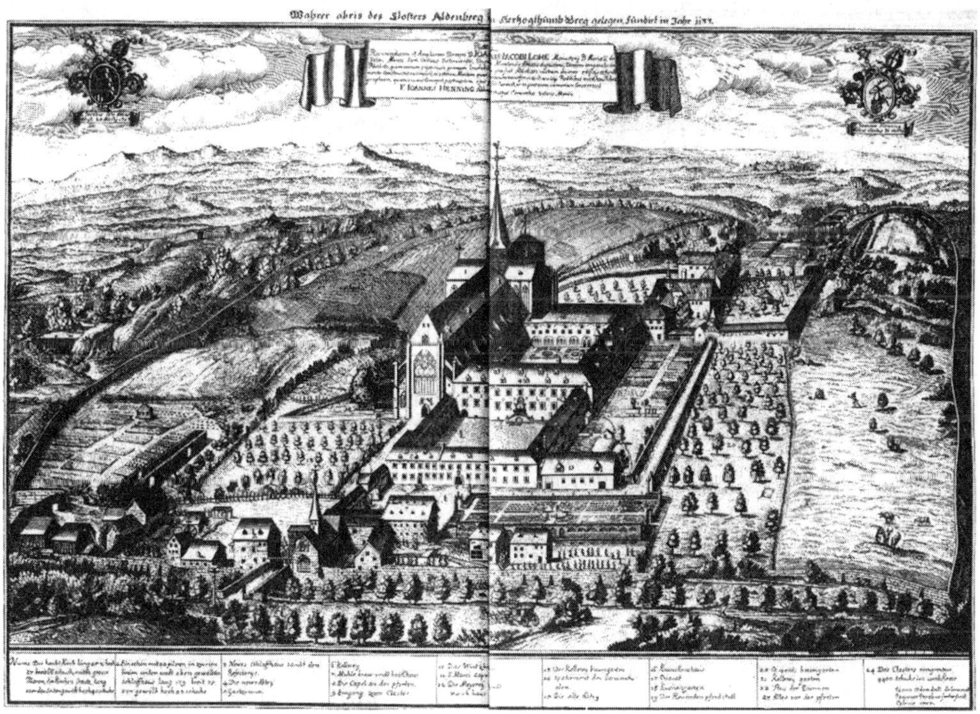

Das Zisterzienserkloster Altenberg im Bergischen Land bei Köln aus der Vogelperspektive. Nach einem Kupferstich von Johann Jakob Sartor, 1707

hatte Klöster bevorzugt auch an den Grenzen zu den Sachsen im Norden und den Slawen im Osten und Südosten gegründet. Im Hochmittelalter gründeten die Landesherren dann neue Klöster besonders gerne in unterentwickelten Gegenden, statteten sie mit großen, aber noch nicht erschlossenen Ländereien aus und ließen diese von den Mönchen kultivieren. Vor allem der Reformorden der Zisterzienser hat ab dem 11. Jahrhundert große Gebiete im Norden und Osten des Reiches urbar gemacht.

Die Geschichte der Klöster im Mittelalter ist ein immer wiederkehrender Wechsel zwischen Verweltlichungstendenzen und Reformbestrebungen, aus denen dann immer wieder neue Orden hervorgegangen sind, die in Modifikation der benediktinischen Regel dann jeweils ihre eigene Regel formulierten. Im 10. Jahrhundert hatte die moralische Integrität der Kirche durch Zügellosigkeit und Missstände stark gelitten. Ein Grund dafür war die Tatsache, dass die Mönche zunehmend nicht mehr ausschließlich aus religiösen Gründen in ein Kloster eintraten, sondern zunehmend auch aus weltlichen. So wollten sich etwa mächtige lokale Adelsfamilien politische Macht oder Einflussnahme sichern. Zudem wurden immer häufiger nicht erbberechtigte Kinder ohne ausreichende wirtschaftliche Absicherung in Klöster „abgeschoben“, um sie versorgt zu wissen. Dies führte in der Summe dazu, dass sowohl einzelne, aber auch ganze Gruppen von Mönchen sich immer weniger mit den strengen Regeln des Klosterlebens identifizierten und dadurch die Sitten des gesamten Klosters allmählich verfielen. In dieser Situation waren es die Benediktiner, die eine tiefgreifende Klosterreform anstießen. Von der berühmten burgundischen Benediktinerabtei Cluny ausgehend, verlangten sie eine Rückbesinnung der Klöster zu einer strengeren Auslegung der Regel des Heiligen Benedikt von Nursia. Zudem forderten sie die Herauslösung der Klöster aus den Herrschaftsbereichen der Bischöfe und die direkte Unterstellung unter den Papst. Im gerade entstehenden Königreich Frankreich hatte diese „Cluniazensische Reform“ vor allem im Süden großen Erfolg und erfasste auch Italien, wo sie vom prestigeträchtigen Kloster Montecassino unterstützt wurde. Zahlreiche Benediktinerabteien schlossen sich der Reform an und bildeten bald einen mächtigen Klosterverband. Die Benediktiner, die sich Cluny angeschlossen hatten, wurden bald als „Cluniazenser“ bezeichnet. In das benachbarte römisch-deutsche Reich gelangten die Ideen erst im 11. Jahrhundert und waren zu jener Zeit ein politisch ganz heikles Thema, lag der Papst doch mit dem Kaiser in heftigem Streit über das Recht der Ernennung von Bischöfen im Reich.

Am Ende des 11. Jahrhunderts wurden dann allerdings der Prunk und der Reichtum der Abtei Cluny selbst zu Auslösern von Reformbestrebungen innerhalb des benediktinischen Ordens. Nach außen hin sichtbares Symbol für die Notwendigkeit von Reformen war der Bau der damals größten Kirche der Christenheit in Cluny. Jedoch war der Orden zu jenem Zeitpunkt zu den verlangten Reformen nicht in der Lage, und so spaltete sich die Reformgruppe als eigener Orden der Zisterzienser von den Benediktinern ab. Wiederum

Rekonstruktion der monumentalen Abteikirche von Cluny, die zu ihrer Zeit die größte Kirche der Welt war. Aus dem Handbuch der deutschen Kunstgeschichte, 1887

stand die strengere Beachtung der ursprünglichen Regel des Heiligen Benedikt im Vordergrund. Die bald in großer Zahl entstehenden Klöster der Benediktiner wurden bewusst in besonders einsamen und wenig erschlossenen Gegenden fernab der Hauptverkehrswege gegründet. Damit sollte die Weltabgewandtheit demonstriert und das Leben in Armut und Askese erleichtert werden.

Die Ausbreitung der Zisterzienser wurde ihrerseits wiederum durch das Aufkommen der Bettelorden gebremst. Im Hochmittelalter wurden diese von der Kirche zunächst nicht anerkannt oder sogar verfolgt und entwickelten sich dadurch manchmal sogar zu gegenkirchlichen Bewegungen wie die Katharer in Südfrankreich. Auch die Franziskaner waren wegen ihrer zahlreichen radikalen Splittergruppen stets in Gefahr, vom Papst als Ketzer verurteilt zu

Der Investiturstreit war ein Kampf Papst gegen Kaiser: Oben links sieht man Kaiser Heinrich IV. mit Gegenpapst Clemens III., oben rechts ist der fliehende Papst Gregor VII. dargestellt, unten rechts sein Tod. Miniaturenzyklus aus dem Codex Jenensis des Otto von Freising, um 1150

werden – forderten sie doch häufig nicht nur die Armut des einzelnen Mönchs und seines Ordens, sondern der gesamten Kirche. Dabei wurden sie – wie andere Orden auch – immer wieder in den Machtkampf zwischen Papsttum und Kaisertum hineingezogen, der praktisch das gesamte Hochmittelalter hindurch andauerte. Im Spätmittelalter wusste Rom jedoch einige dieser Orden in die Kirche zu integrieren, wie die Hauptströmung der Franziskaner, die Dominikaner, die Karmeliten und die Augustiner-Eremiten. Während die Zahl der Zisterzienserklöster von 1200 bis 1500 ungefähr gleich blieb, breiteten sich diese Predigerorden stark aus. Am Ende des Mittelalters waren mit weit über 1000 Klöstern nach wie vor die traditionellen, reichen und prunkvoll ausgestatteten Benediktinerabteien in der Überzahl. Daneben gab es immerhin über 700 Zisterzienserklöster, deren fleißige Mönche sich große Verdienste in der Kolonisierung der Wildnis erwarben.

Die „modernen" Bettelorden verließen allerdings das monastische Prinzip der „vita contemplativa" („in Betrachtung versunkenes Leben") und führten eine „vita apostolica" („apostolisches Leben"), zu der auch aktive Seelsorge und die Predigt an das Volk zählten. Die Mitglieder der Bettelorden waren daher im Gegensatz zu denen der monastischen Orden nicht mehr an ein ganz bestimmtes Kloster gebunden. Vor allem die Franziskaner und die Dominikaner waren ja als Orden von Wanderpredigern groß geworden. Die Armutsbewegung wurde im späten Hochmittelalter und im Spätmittelalter zunehmend auch für Intellektuelle attraktiv. Der Intellekt wurde zu dieser Zeit in diesen Orden aktiv gefördert, denn die Franziskaner und mehr noch die Dominikaner übernahmen nun eine wichtige Rolle in der „heiligen Inquisition". So entstanden in den Gemeinschaften der Bettelorden Schulen, in denen hochangesehene Gelehrte unterrichteten, wie etwa Thomas von Aquin bei den Dominikanern und William von Ockham bei den Franziskanern. Deshalb lösten die Gemeinschaften der Franziskaner und der Dominikaner am Ende des Mittelalters die „traditionellen" Klöster als Zentren des religiösen und des wissenschaftlichen Lebens immer

Der Heilige Thomas von Aquin (1225-1274) war einer der wichtigsten Philosophen und Kirchenlehrer des Mittelalters. Ölgemälde von Carlo Crivelli, um 1476

mehr ab. Da die Predigerorden einen ganz anderen Auftrag hatten als die monastischen Orden, hatten sie von Anfang an die Nähe zu den Menschen gesucht. So waren die ersten Stadtklöster entstanden, die nun gemeinsam mit den ersten aufstrebenden Universitäten die Städte zu den neuen Bildungszentren machten.

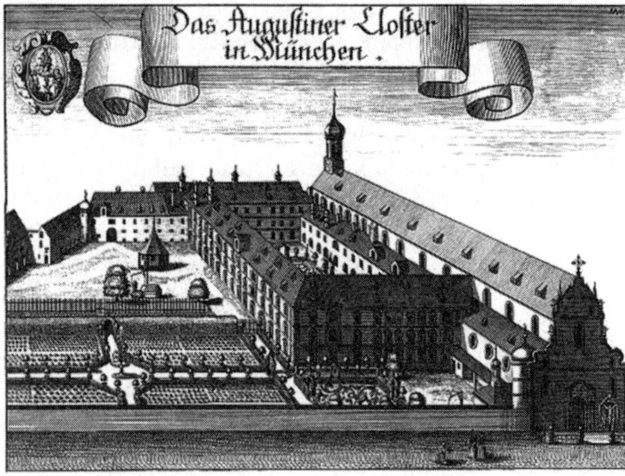

Das Kloster der Augustiner-Eremiten in München existierte von 1294 bis zur Säkularisierung 1803. Der Kupferstich von Michael Wening zeigt das Kloster um 1700.

Die Entstehung der Stadtklöster

„Stadtluft macht frei" – gemäß diesem Motto zogen ab dem Hochmittelalter immer mehr leibeigene Untertanen in die Städte, um hier ihre persönliche Freiheit vom Landesherrn zu erlangen. In der Folge wuchsen die Städte immer mehr an, zumal sie auch eine immer größere Bedeutung als Verkehrsknotenpunkte und Handelszentren erlangten. Es bildete sich mit dem aufstrebenden Bürgertum eine ganz neue Bevölkerungsschicht. Diese Entwicklungen hatten auch für die Klöster weitreichende Auswirkungen. Vor allem die Prediger- und Bettelorden, also die Augustiner-Eremiten, Dominikaner, Franziskaner und Karmeliten, die nicht durch ihre Ordensregel zum kontemplativen Leben verpflichtet waren, gründeten den neuen Typ der Stadtklöster. Mit der steigenden Bedeutung der Städte und der Gründung vieler Stadtklöster veränderte sich auch die Rolle der klassischen, monastischen Klöster. Deren Funktion als Zentren von Bildung, Wissenschaft, Kultur und Entwicklung ging nun zunehmend auf die Städte mit ihren Schulen, den zahlreichen neu gegründeten Universitäten und die Stadtklöster über. Die neuen, „modernen" Klöster lagen jetzt nicht abgeschieden in schwer zugänglichen Gegenden wie etwa die Klöster der Zisterzienser, sondern mitten in den „boomenden" Städten.

In beinahe allen größeren Städten entstand innerhalb der Stadtmauern mindestens ein Kloster, oft auch gerade in der Nähe der Stadtmauern, weil in diesen Bereichen eher noch der Platz für eine Klostergründung vorhanden war als in den dicht bebauten Zentren. In den Stadtklöstern entwickelte sich rasch eine völlig andere Art des Ordenslebens, in dem die klassischen monastischen Ideale keine Rolle mehr spielten. An die Stelle rein kontemplativen Lebens trat die Mitwirkung im kirchlichen Dienst, vor allem die wichtigen Aufgaben der Predigt und der Seelsorge. Die Ordensbrüder waren zudem nicht mehr wie die klassischen Mönche lebenslang an ein einziges Kloster gebunden, sondern konnten innerhalb ihres Ordens in eine andere Stadt versetzt werden oder sogar auf Wanderschaft gehen. So wurden vor allem die Franziskaner- und die Dominikanerklöster aber ein wichtiges kirchliches Instrument, die Kontrolle über den rechten Glauben in den sündigen Städten zu behalten, denn diese beiden Orden waren vor allem auch in der kirchlichen Inquisition sehr aktiv.

Die Stadtklöster waren oftmals Keimzellen für später daraus entstandene Bildungseinrichtungen, karitative Einrichtungen oder Krankenhäuser, von denen viele auch heute noch existieren. So gehen viele Gymnasien auf ehemalige Priesterseminare zurück, die einst von Dominikanern oder Franziskanern gegründet worden waren. Nonnen fand man allerdings in jener Zeit kaum in solchen Diensten, denn aufgrund der gesellschaftlichen Verhältnisse kam für Frauen weiterhin fast ausschließlich ein kontemplatives Leben nach der Art der traditionellen monastischen Klöster in Frage. Selbst wenn sie Mitglieder von Bettelorden waren, wie beispielsweise die Klarissen, und ihre Klöster in Städten lagen, führten die Ordensschwestern ein Leben in strenger Klausur. Das sollte noch lange so bleiben, bis sich ab dem 16. Jahrhundert der neu gegründete Orden der Ursulinen allmählich zum wichtigsten europäischen Schulorden entwickelte. Parallel dazu „eroberten“ sich karitative Schwesterngemeinschaften langsam neue Aufgaben in Krankenhäusern, in der Altenpflege und der Fürsorge für die Armen.

Das Dominikanerkloster in Heidelberg stammte aus dem Ende des 15. Jahrhunderts und wurde nach der Säkularisation 1803 von der Universität genutzt. Zeichnung von R. Hengstenberg aus dem Jahre 1830

Reformation, Dreißigjähriger Krieg und Napoleonischer Schock

Im 16. Jahrhundert begann der Stern der Klöster in Deutschland rapide zu sinken. Grund dafür war die beginnende Reformation, die weite Teile Deutschlands und Nordeuropas ergriff. 1517 verkündete Martin Luther seine 95 Thesen gegen den Ablasshandel der Kirche, 1530 akzeptierte Kaiser Karl V. auf dem Reichstag zu Augsburg das Augsburger Glaubensbekenntnis der Protestanten auf der Grundlage der Theologie Luthers, und 1555, bereits neun Jahre nach Luthers Tod, fand man im Augsburger Religionsfrieden mit der Formel „cuius regio, eius religio" („wessen Gebiet, dessen Religion") einen Kompromiss, der dem jeweiligen Landesherrn die Entscheidung über die Religion seiner Untertanen gestattete. Weite Teile des Heiligen Römischen Reiches wurden nun protestantisch, katholisch blieben vor allem das Rheinland, große Teile Badens und Schwabens sowie Bayern, Tirol und Italien. In Europa erfasste die Reformation zudem England, Norwegen, Schweden, das Baltikum, die Niederlande vollständig – sowie Polen, Ungarn, die Schweiz und Frankreich teilweise. Weitgehend unberührt blieben nur Spanien und Irland sowie die orthodoxen Länder.

Während für die Klöster in den weiterhin katholischen Gebieten Europas und vor allem des Heiligen Römischen Reiches erst einmal alles weitgehend beim Alten blieb, standen die Klöster in den nun protestantisch gewordenen Territorien vor einem tiefen Einschnitt. Die Kompromissformel des Augsburger Religionsfriedens sah nämlich keineswegs religiöse Toleranz vor. Wenn der Landesherr beschloss, zum Protestantismus überzutreten, hatte dies für alle seine Untertanen sofort absolut bindende Wirkung. Was der ehemalige Augustinermönch Martin Luther allerdings vom den monastischen Idealen des asketischen, kontemplativen und vor allem zölibatären Leben hielt, hatte er bereits im Jahre 1525 eindrucksvoll durch seine Eheschließung mit der zwei Jahre zuvor aus einem Kloster entflohenen Zisterziensernonne Katharina von

Martin Luther als Augustinermönch, Kupferstich von Lukas Cranach dem Älteren, 1520

Bora dokumentiert. In den protestantischen Gebieten spielten die Orden und die von ihnen getragenen Klöster fortan keine Rolle mehr, ihnen wurde nun jegliche Grundlage ihrer Existenz entzogen. Deshalb gaben die Mönche in den reformierten Territorien ihre Klöster in breiter Front auf und verließen sie. Damit ging auch ein großer Bedeutungsverlust der Orden einher. Die über 500 Jahre dauernde Erfolgsgeschichte der Expansion von Orden und Klöstern war in Mitteleuropa unwiderruflich zu Ende. Viele Orden kompensierten dies durch eine Hinwendung in die gerade entdeckte Neue Welt in Übersee, wo große Kolonisations- und Missionsaufgaben warteten.

Das ehemalige Dominikanerkloster in Braunschweig, das Paulinerkloster, bestand schon seit dem 13. Jahrhundert. Seit dem Beginn des 18. Jahrhunderts wurde es als Zeughaus genutzt. Stich von Anton August Beck, um 1770

Der nächste Schlag folgte im 17. Jahrhundert. Die religiösen und politischen Spannungen, die durch die Neuordnung Mitteleuropas bei der Reformation entstanden waren, entluden sich im Jahre 1618 schlagartig durch den Dreißigjährigen Krieg. Was folgte, war der fürchterlichste Krieg, der bis dahin je auf deutschem Boden ausgefochten wurde. Im Grunde handelte es sich um vier aufeinanderfolgende Kriege, die sich von einem innerdeutschen Religionskrieg letztlich zu einem europäischen Hegemonialkrieg zwischen Schweden und Frankreich ausweitete. In immer neuen Wellen schwappten die teilweise verheerenden Kampfhandlungen durch Deutschland und verursachten die größte militärische und menschliche Katastrophe, die das Reich je erlebt hatte. An den Folgen sollten noch viele Generationen leiden. Die Einwohnerzahl des Reiches sank während des Krieges um mehr als ein Drittel von 16 auf 10 Millionen. Dabei wurden insgesamt über 1600 Städte und mehr als 18.000 Dörfer zerstört, zudem rund 2000 Schlösser und Klöster. Viele der in den reformierten Gebieten leer stehenden Klös-

Die Abtei Rupertsberg in Rheinhessen zur Zeit des Dreißigjährigen Kriegs. Zeitgenössischer Kupferstich, 1638

ter wurden als militärische Anlagen zweckentfremdet und boten somit auch ein Ziel für den Gegner. Manche wechselten sogar innerhalb kürzester Zeit gleich mehrfach den „Besitzer". Die meisten der dabei oft bis auf die Grundmauern zerstörten Klöster wurden hier später gar nicht erst wieder aufgebaut. Anders dagegen in den katholischen Gebieten. Hier wurden die reichen Abteien meist zum Gegenstand von Plünderungen durch die Reformierten und dabei oft auch zerstört, nach dem Ende des Krieges aber meist wieder aufgebaut.

Der schwerste Schlag traf die Orden und Klöster, aber auch die gesamte Kirche, rund 150 Jahre später nach dem Beginn der Französischen Revolution. Zunächst blieben die Auswirkungen noch auf Frankreich beschränkt, als hier die

Das Kloster der Dominikaner in Frankfurt am Main verfiel nach 1803 und war um 1850 in einem baufälligen Zustand. Zeichnung von Carl Theodor Reiffenstein, 1852

weltliche und auch wirtschaftliche Macht der katholischen Kirche gebrochen wurde. Dabei war die Französische Revolution ursprünglich zunächst einmal gar nicht christenfeindlich. Das Verhältnis zur katholischen Kirche vollzog sich während der Revolution in drei Etappen. In der ersten Phase gab es lediglich Einschränkungen für den französischen Klerus, dann kam es zu den ersten Verfolgungen, die dann schließlich in dem Versuch einer allgemeinen Entchristianisierung gipfelten. Im August 1789 wurde der „Kirchenzehnt" abgeschafft, im November unterstellte man sämtliche kirchlichen Güter dem Staat. Alle Orden mit Ausnahme der karitativ tätigen wurden verboten. Im November 1790 sollten alle Priester den Eid auf die französische Verfassung ablegen, was Papst Pius VI. jedoch verbot. Daraufhin setzten die Verfolgungen und ab 1793 dann die umfassende Entchristianisierung Frankreichs ein.

Nach dem Beginn der napoleonischen Eroberungszüge durch Europa kam es in den eroberten Ländern zu umfassenden Säkularisierungsprogrammen. In Deutschland änderte der Reichdeputationshauptschluss von 1803 auf einen Schlag die Verhältnisse. Zum Ausgleich für die von Frankreich besetzten linksrheinischen Gebiete und andere territoriale Veränderungen sollten die betroffenen Landesherren nun durch die Verteilung der Kirchengüter entschädigt werden. Durch diese Säkularisation fielen nun auch die Klostergüter an den Staat. Damit war den Klöstern jegliche Existenzgrundlage entzogen. In der Folge gingen rund 300 Stifte, Klöster und Abteien verloren. Viele wurden direkt zerstört, andere wiederum an Privatleute verkauft, die sie oft als „Steinbrüche" für die Gewinnung von Baumaterial nutzten. Dabei gingen unschätzbar wertvolle und einzigartige Kunstschätze verloren. Lediglich die Bibliotheken konnten meist gerettet werden, sie gingen in staatliche oder private Hände über. Von den Gebäuden wurden oft nur die Klosterkirchen erhalten, indem man sie in normale Pfarrkirchen umwandelte. Nach der „Erfolgsgeschichte" des Mittelalters hatte die Entwicklung der Orden und der Klöster zu Beginn des 19. Jahrhunderts in Europa einen absoluten Tiefpunkt erreicht.

Vom 19. Jahrhundert bis heute

Nach der endgültigen Niederlage Napoleons gingen die Siegermächte 1815 auf dem Wiener Kongress daran, das durch die französischen Feldzüge der letzten 10 Jahre völlig durcheinandergewirbelte Staatensystem Europas neu zu ordnen. Dabei kam klar das Ziel zum Ausdruck, die alte, vorrevolutionäre Ordnung möglichst wiederherzustellen. Diese Restauration betraf nicht nur das internationale System, sondern auch die politische Ordnung in den einzelnen Staaten. Nun hatten im Heiligen Römischen Reich zahlreiche Staaten von den 1803 im Reichsdeputationshauptschluss verfügten Veränderungen profitiert. Durch die Mediatisierung waren beinahe alle freien Reichsstädte einem Landesherrn unterworfen worden. Aber auch aus der Säkularisierung, der

Das Kloster Dalheim bei Mainz war bis 1251 ein Doppelkloster, in dem sowohl Mönche als auch Nonnen lebten, später dann ein reines Nonnenkloster. 1793 von den Franzosen zerstört, verfiel es nach 1803 vollends zur Ruine. Zeichnung von J.C.A. Dillenius, 1793

„Verweltlichung" des kirchlichen Besitzes, hatten viele Länder große Vorteile gezogen. Da wundert es nicht, dass man sich im Heiligen Römischen Reich unter den Fürsten weitgehend einig war, diese beiden napoleonischen Veränderungen, die Mediatisierung und die Säkularisierung, nicht wieder rückgängig zu machen. Genauso geschah es dann auch auf dem Wiener Kongress, die Folgen des Reichsdeputationshauptschlusses wurden nicht behoben.

Für die Kirche und insbesondere für die Orden war dies sehr enttäuschend, hatte man doch auf Wiedereinsetzung in den alten Stand von vor 1803 gehofft. Doch war dies auch unrealistisch – zu viele Klöster waren nach dem Auszug der Gemeinschaften verfallen, zerstört oder zurückgebaut, das Inventar war in alle Winde verstreut worden. Lediglich die

Manche aufgelassene Klöster wurden in der beginnenden industriellen Revolution auch als Fabriken genutzt. So befand sich die Königlich Württembergische Gewehrfabrik Oberndorf in den Gebäuden des ehemaligen Augustinerklosters Oberndorf. Stich, 1824

Klosterkirchen waren in größerer Zahl noch vorhanden, da man sie in „normale“ Pfarrkirchen umgewandelt und so vor der Zerstörung gerettet hatte. Die wenigen Klostergebäude, die noch standen, befanden sich zum überwiegenden Teil in privater Hand und wurden nun ganz anders genutzt – oft als „Steinbruch“ für die Gewinnung von Baumaterial wie das Augustinerinnenkloster Marienthal an der Ahr oder das Benediktinerinnenkloster Dalheim bei Mainz oder auch als Fabrikgebäude in der beginnenden industriellen Revolution, wie etwa das Augustinerkloster in Oberndorf am Neckar, das 1811 zur Königlich Württembergischen Gewehrfabrik wurde.

Allerdings waren nicht alle Klöster gleich zerstört, vor allem nicht die an Privatleute verkauften. Ab der zweiten Hälfte des 19. Jahrhunderts bekamen die Orden die Möglichkeit, säkularisierte Klöster zurückzukaufen, in katholischen Ländern wurden Klöster den Orden teilweise rückübertragen – 50 Jahre nach dem Wiener Kongress. Aber immerhin konnte nun der jahrhundertelange Abstieg der geistlichen Orden und der Klöster gebremst werden. Seit jener Zeit haben sich einige neue Ordensgemeinschaften herausgebildet, zahlreiche neue Klöster sind gegründet worden.

Die Zeit des Nationalsozialismus ist an den meisten Klöstern äußerlich spurlos vorübergegangen – sofern die Gebäude nicht durch direkte Kampfhandlungen beschädigt wurden, wie Montecassino, das berühmte Heimatkloster der Benediktiner. Nach dem zweiten Weltkrieg traf es die Ordensgemeinschaften und Klöster in den fortan von kommunistischen Volksdemokratien beherrschten Ländern. Erneut rollte eine große Auflösungs- und Verstaatlichungswelle durch diese Länder, in denen die Kirche insgesamt in der Zukunft nur noch eine untergeordnete Rolle spielen sollte. Erst mit dem Ende des Kommunismus kam es hier zu einer Wende. So wurden etwa auf dem Gebiet der ehemaligen DDR nach deren Ende ab 1989 in großem Stile Immobilien an die katholische Kirche rückübertragen. In den letzten 20 Jahren wurden auch hier wieder neue Klöster gegründet. Dennoch steht es nicht in Aussicht, dass die Klöster jemals wieder die überragende Rolle für Kirche und Gesellschaft einnehmen könnten, die sie einst innegehabt hatten.

Das Leben in den Klöstern

Der Eintritt in einen Orden bedeutete immer schon den Beginn eines neuen Lebens – auch im Mittelalter. Doch die Standesschranken der mittelalterlichen Feudalgesellschaft überwinden konnte man als Nichtadliger auch durch den Eintritt in ein Kloster nicht, denn die meisten Klöster bildeten die mittelalterliche Dreiklassengesellschaft mit der adligen Oberschicht und dem Klerus auf der einen und der unfreien Bevölkerungsmehrheit auf der anderen Seite in ihrem Inneren exakt ab – vor allem die der Benediktiner und der Zisterzienser. Konkret bedeutete dies, dass es in den Klöstern dieser Orden eine bestimmte Anzahl von Mönchen gab, die ihren religiösen Pflichten nachgingen und sehr viel Zeit mit Gebeten und Meditationen verbrachten, und eine weitaus größere Gruppe von Laienbrüdern, die dafür sorgten, dass die Hauswirtschaft des Klosters funktionierte, die Mahlzeiten zubereitet, die Kleider gewaschen wurden und vieles mehr. Die Mönche selbst waren ab dem Hochmittelalter in den monastischen Orden ausschließlich Kleriker, meist geweihte Priester. Sie stammten in der Regel aus adligen Familien des Umlands, von denen viele einen ihrer Söhne bereits als Kind in ein Kloster gaben. In jener Zeit steigerte es nämlich das Ansehen einer Familie, wenn einer ihrer Söhne Mönch in einer Benediktinerabtei wurde. Wenn auch der einzelne Mönch in Armut lebte, waren die Abteien als solche oft sehr reich, sodass eine Verbindung nicht schaden konnte – insbesondere in einer Zeit, in der weltliche und geistliche Macht so nahe beieinander lagen. Die Mönche

Papst Gregor I., „der Große" (540-604), war der erste Benediktiner, der Papst wurde. Diese Darstellung zeigt ihn beim Diktieren der Gregorianischen Gesänge. Buchmalerei aus dem Antiphonar des Hartker von St. Gallen, um 1000

aus den adligen Familien bildeten meist auch die Führungselite ihres Ordens, sodass viele von ihnen eine glänzende klerikale Karriere machten – bis in höchste Ämter. So stammten im Mittelalter nicht wenige Päpste aus den Reihen der Benediktiner.

Im Gegensatz dazu standen die Laienbrüder. Sie stammten fast immer aus der einfachen Landbevölkerung rund um das Kloster und wurden auch durch den Ein-

Die Angst vor den Strafen der Hölle war für die Mönche und Nonnen des Mittelalters eine starke Triebfeder für ein sittliches Verhalten im Diesseits. Detail aus der „Hölle", dem rechten Innenflügel des Tryptichons „Garten der Lüste" von Hieronymus Bosch, um 1503

tritt in den Orden natürlich nicht zu Klerikern. Bei ihnen standen nicht unbedingt religiöse Motive für den Eintritt an erster Stelle. Im Gegenteil waren es oftmals die pure wirtschaftliche Not und der Wunsch nach materieller Versorgung, die Eltern dazu brachten, ein Kind in ein Kloster zu geben. In der „Zweiklassengesellschaft" mittelalterlicher Klöster stand für die Laienbrüder das „labora" gegenüber dem „ora" eindeutig an erster Stelle. Ihre religiösen Pflichten waren auf ein Maß reduziert, das ein möglichst großes Arbeitspensum erlaubte – sei es im Wald, auf dem Feld oder innerhalb der Klostermauern. Ein „Aufstieg" in die Klasse der Mönche war für die Laienbrüder nicht möglich. Da sie meist ungebildet waren und nicht viel von Theologie verstanden, wurden sie sehr streng beaufsichtigt, da man ihnen eher Verstöße gegen Sitte und Moral zutraute als den Mönchen. Fast täglich wurden in den Klöstern des Mittelalters harte Strafen gegen Laienbrüder ausgesprochen und auch vollstreckt – oft als körperliche Züchtigungen. Doch auch die Mönche selbst mussten sich den strengen Klosterregeln natürlich beugen und wurden bei Verstößen bestraft.

Das Klosterleben im Mittelalter

Das Leben in den mittelalterlichen Klöstern war streng geregelt. Die religiösen und die sonstigen Alltagspflichten waren grundsätzlich in der Ordensregel jedes einzelnen Ordens festgeschrieben. Im frühen Mittelalter gab es fast nur Benediktinerklöster, die nach der Regel „Ora et labora" („Bete und arbeite") des Heiligen Benedikt von Nursia lebten. Auch die aus den Benediktinern im 12. Jahrhundert als Reformorden hervorgegangenen Zisterzienser lebten nach dieser Regel, meist sogar noch strenger als die Benediktiner selbst. Bei den später entstandenen Bettelorden entfiel der Aspekt des „labora", stattdessen traten die Predigt und seelsorgerische Aufgaben an deren Stelle. Je nach Zugehörigkeit zu einem bestimmten Orden, aber auch je nach der genauen Phase in der über 500 Jahre dauernden Epoche des Mittelalters konnte das Leben in einem Kloster sich demnach völlig unterschiedlich darstellen.

Ein ebenfalls zentral wichtiger Faktor für die konkrete Ausgestaltung des Lebens eines Klostermitglieds war seine Funktion innerhalb der Klostergemeinschaft, vor allem seine eigene Position in der Hierarchie des Klosters.

An der Spitze jedes Klosters stand ein Abt, er war der geistliche Vater der Klostergemeinschaft. Jeder Mönch hatte den Abt als geistlichen Lehrer und als Führer der Gemeinschaft zu akzeptieren. Alle anderen Mönche waren dem Abt zu absolutem Gehorsam verpflichtet. Seine Stellung innerhalb der gesamtkirchlichen Hierarchie war irgendwo zwischen dem Priester und dem Bischof anzusiedeln. Neben den Führungsaufgaben im Kloster musste ein Abt auch noch repräsentative Pflichten übernehmen und war als oberster Seelsorger der Gemeinschaft für das Seelenheil der ihm anvertrauten Mönche verantwortlich. Sein Stellvertreter und damit der „zweite Mann“ im Kloster war der Prior.

Im Heiligen Römischen Reich wurden die Äbte lange Zeit von den zuständigen Landesherren eingesetzt, also von der weltlichen Gewalt. Damit konnten sie die Klöster, die im Mittelalter durch Schenkungen zu den mächtigsten Grundbesitzern aufstiegen und folglich über eine große wirtschaftliche und damit weltliche Macht besaßen, immer „auf Linie“ halten. Genau an dieser Praxis entzündete sich der berühmte Investiturstreit zwischen

Ein wichtiges äußeres Erkennungszeichen eines mittelalterlichen Mönch war die Tonsur auf dem Kopf. Auf dieser Darstellung aus der Großen Heidelberger Liederhandschrift „Codex Manesse“ steht der Minnesänger Heinrich von der Mure in geistlicher Kleidung, aber ohne Tonsur einem Mönch mit Tonsur und Bischofsstab gegenüber.

Kaisertum und Papsttum. Nach dessen Ende im Jahre 1122 ging man wieder zu der ursprünglichen Praxis über, den Abt durch die Mitglieder der Gemeinschaft wählen zu lassen. Doch war dies teilweise auch nur eine Farce, denn der Landesherr musste den gewählten Abt in seinem Amt bestätigen und konnte ihm bei Nichtgefallen seine Anerkennung verweigern. Für die großen Klöster mit einem Vermögen, das eine bestimmte Grenze überschritt, galten diese Vorschriften allerdings sowieso nicht. Bei den reichen Klöstern konnte nämlich der Papst direkt einen Abt bestimmen, der vom Landesherrn nicht mehr bestätigt werden musste.

Der Alomonarius arbeitete im Pilgerhaus, in dem sich meist eine ganze Anzahl von Pilgern aufhielt, denn im Mittelalter waren die Klöster entlang der großen europäischen Pilgerrouten deren wichtigsten Herbergen. Dem Bibliothekar unterstanden die Bibliothek mit ihren bedeutenden Schriften, die oftmals Einzelexemplare waren, und die Schreibstube, in der besonders schreibkundige Mönche Bücher und Schriften, aber auch Urkunden produzierten. Ein besonders wichtiges Amt hatte der Bursar inne, dem die gesamte Finanzverwaltung des Klosters unterstand. Seine Aufgabe war es, den Wohlstand des Klosters zu wahren und zu vermehren.

Für das leibliche Wohl der Gemeinschaft sorgte der Camerarius. Ihm unterstanden alle Küchen und Bäckereien des Klosters und – falls vorhanden – auch die Brauereien und Kellereien. Er teilte die Mönche für den jede Woche wechselnden Küchendienst ein. Wie der Alomonarius kümmerte sich auch der Hospitarius um die Pilger, und zwar in seiner Funktion als Leiter des Pilgerhauses. Dabei arbeiteten sie eng mit dem Infirmarius zusammen, der in gewisser Weise der Arzt des Klosters war. Er war der Leiter des Krankenhauses, des Infirmariums. Unter seiner Aufsicht standen die kranken und gebrechlichen Mönche. Seine Tätigkeit beschränkte sich rein auf das Kloster, Patienten aus dem Umland wie etwa die Bauern und ihre Familien wurden nur ausnahmsweise im Kloster behandelt.

Eine wichtige Aufgabe hatte auch der Novizenmeister. Ihm unterstand die Schule des Klosters, in denen die Novizen unterrichtet wurden. Jedes Kloster hatte seine Schule, die in eine äußere und eine innere unterteilt war. Während in der äußeren Schule die Söhne der Herren, Edlen und Freien aus der Umgebung unterrichtet wurden, war die innere Schule ausschließlich den Novizen vorbehalten, die sich von den Schülern der Außenschule schon optisch durch ihre Kutte unterschieden. Man unterrichtete die Außenschüler in den Fächern Lesen, Schreiben, Rechnen

Der Novizenmeister unterrichtet in einem mittelalterlichen Kloster in der inneren Klosterschule. Auffällig ist, dass die Schüler nicht das weiße Novizengewand, sondern bereits die Kutte tragen. Zeichnung von Wilhelm Riefstahl, um 1880

und Latein; und hier gewannen viele Klosterschulen einen Ruf, der weit über die jeweiligen Landesgrenzen hinaus drang. In der inneren Schule hingegen wurden die „sieben freien Künste" der Antike unterrichtet, die aus Grammatik, Rhetorik, Dialektik, Arithmetik, Musik, Geometrie und Astronomie bestanden. Die Disziplinierung war außerordentlich streng: So wurden regelmäßig die Fehler jedes Schülers zusammengerechnet und an bestimmten „Streichtagen" durch Schläge geahndet.

Für den ordentlichen Unterhalt und die standesgemäße Ausstattung der Klosterkirche und der Sakristei war der Sacratarius verantwortlich, der in seiner verantwortungsvollen Tätigkeit von seinem Gehilfen unterstützt wurde, dem Custos. Der „Friseur" des Klosters war der Tonsor, der den Mönchen die Bärte abrasierte, die Haare schnitt und ihnen dabei die Tonsur formte. Bei Bedarf wurde der Tonsor auch im Infirmarium tätig.

Der Vestiarius war der Schneider und Schuster des Klosters. Er war sowohl für die Kleidung und das Bettzeug als auch für das Schuhwerk verantwortlich.

Eines der anspruchsvollsten Ämter in einem Kloster war das des Zellerars. Dem Amtsinhaber unterstand nicht weniger als die gesamte Wirtschaftsverwaltung. Dabei musste er die Versorgung des Klosters mit Nahrungsmitteln, Gütern und Gebrauchsgegenständen organisieren und zudem die gesamten Außenbetriebe und Werkstätten koordinieren und kontrollieren. Zusammen mit dem Bursar war er für den wirtschaftlichen und finanziellen Zustand des Klosters verantwortlich. Beide zusammen waren dem Abt in regelmäßigen Abständen rechenschaftspflichtig.

Papst Clemens VI. residierte in Avignon. Seine Verschwendungssucht war legendär, fast täglich wurden im Papstpalast ausschweifende Feste gefeiert. Damit stand er stellvertretend für den Autoritätsverlust der katholischen Kirche im Spätmittelalter. Fresko aus der Kapelle St.-Martial im Papstpalast, Avignon, 15. Jahrhundert

Bei der Besetzung der vielen Ämter in einem Kloster war vor allem die Herkunft des Kandidaten wichtig. Während die Leitungspositionen ausschließlich mit Adligen besetzt wurden, standen den aus niedrigen Gesellschaftsschichten stammenden Mönchen auch nur niedrige Ämter offen. Weitere Rollen spielten die Anzahl der Jahre, die nach dem Gelübde eines Kandidaten bereits vergangen waren, sowie die Ämter, die er möglicherweise bisher bereits eingenommen hatte.

Viele Jahrhunderte lang waren die gelehrten Männer, die in den Klöstern die Leitungsfunktionen übernahmen und die Klöster zu höchster Blüte führten, der Stolz ihrer Orden und auch der Kirche insgesamt. Sei es in der Lehre der klassischen Künste, in der Heilkunst oder in der Kunst der Kopie alter Handschriften, ohne die vieles Wissen der Antike verlorengegangen wäre – im ganzen Reich wurde im Hochmittelalter der Name der meisten Klöster mit Achtung und Bewunderung genannt. Mit dem allmählichen Verfall der Moral und Sitten in der katholischen Kirche im Spätmittelalter, in dem zeitweilig bis zu drei Gegenpäpste gleichzeitig im Amt waren, begann auch der Stern der Klöster zu sinken. Dies begann ungefähr um die Zeit, als das Papsttum zu Beginn des 13. Jahrhunderts die Macht der staufischen Kaiser brach und sich dafür aber in eine gefährliche Abhängigkeit vom französischen Königtum begab, was 1309 zur Übersiedlung der Päpste nach Avignon und nach ihrer Rückkehr 1378 zum Großen Abendländischen Schisma führte. Dies konnte zwar 1418 auf dem Konstanzer Konzil überwunden werden, doch nun waren endgültig die Verhältnisse hergestellt, die geradewegs in die Reformation führen sollten.

Auch die Klöster wurden von diesem sittlich-moralischen Niedergang nicht verschont. In vielen ehemals als Stätten von Kunst und Bildung bekannten Abteien zogen Unwissenheit, Rohheit und Laster ein. So war angeblich in der berühmten Abtei St. Gallen im Jahre 1291 weder der Abt noch irgendein einziges Mitglied seines Konvents des Schreibens mächtig! Stattdessen frönte man allzu weltlichen Lastern: Es wurde berichtet, dass die Mönche abends bevorzugt mit den Adligen aus ihrer Nachbarschaft beim Klosterwein zusammen saßen und spielten, scherzten und sangen, und zwar keine frommen Lieder, wie es ihnen zugestanden hätte, sondern die derben und frivolen Spielmannslieder, die landauf, landab auf den Jahrmärkten in den Dörfern des Umlands zu hören waren. Wie in den Mönchsklöstern wurde auch in vielen Nonnenklöstern die Klage

Im 14. Jahrhundert erreichte der Verfall der Sitten auch die Klöster. Mönche und Adlige zechen in dieser Darstellung gemeinsam den Klosterwein, während ein Mönch zur Belustigung weltliche Musik spielt. Zeichnung von Eduard von Grützner, um 1925

laut, dass die Nonnen das Gelübde der Keuschheit nicht einhielten und ein Leben voller Schande und Laster führten. Doch gab es nach wie vor noch zahlreiche Männer und Frauen, die das Klosterwesen und das Leben als Mönch oder Nonne noch ernst nahmen. Mit deren Hilfe versuchten die Orden nun, die alte Zucht und Sitten zu erhalten und den Klöstern so die frühere Bedeutung zurückzugeben. Von drakonischen und teilweise unmenschlichen Strafen für Fehltritte wurde berichtet. So sollen beispielsweise Nonnen, die das Gelübde der Keuschheit gebrochen hatten, lebendig eingemauert worden sein.

Drakonische Strafen sollten den Verfall von Sitte und Moral stoppen: Eine Nonne soll auf dieser Darstellung als Strafe für ihre Unkeuschheit in den Kellergewölben eines Klosters eingemauert werden. Zeichnung von Otto Knille, um 1890

Doch auch durch solche auf den heutigen Betrachter in ihrer Radikalität fast schon verzweifelt wirkenden Maßnahmen konnte der Verfall nicht mehr aufgehalten werden. Denn allmählich brach eine neue Zeit an, in der der Augustinermonch Martin Luther den Zölibat verwarf, die Nonne Katharina von Bora heiratete und dem Volke predigte, dass nicht nur die Mönche und Nonnen, sondern jedermann, der Gott von Herzen und mit Ernst fürchte und gleichzeitig zu ihm Zuversicht, Glauben und Vertrauen fasse, die Vollkommenheit erlangen könne.

Diese Karikatur zeigt den Teufel, der Martin Luther als seinen Dudelsack benutzt. Damit sollte gezeigt werden, dass Luther Werkzeug und Stimme des Teufels war. Die gegen den Protestantismus gerichtete Zeichnung zeigt Luther mit Tonsur – also als abtrünnigen katholischen Mönch. Holzschnitt von Eduard Schön, um 1535

Die religiösen Regeln

Eine wesentliche Eigenschaft, die jedes Mitglied einer klösterlichen Gemeinschaft haben muss – ob Mönch oder Nonne, Ordensbruder oder -schwester –, ist der übermächtige Wunsch nach der Suche nach Gott. Das Leben im Kloster soll deshalb so ausgerichtet werden, dass es dafür den geeigneten Rahmen bietet. Deshalb ist das klösterliche Leben durch die jeweilige Ordensregel so gestaltet, dass genügend Zeit für die spirituellen Handlungen bleibt. Aber auch das religiöse Leben wird durch die Ordensregel vorbestimmt. Die wichtigste Ordensregel des Mittelalters war die Regel des Heiligen Benedikt von Nursia, die allerdings im Laufe der Jahrhunderte zahlreiche Ergänzungen und Konkretisierungen erhielt. Im Mittelpunkt des Klosterlebens der Benediktiner stand von jeher das Gebet, und zwar nicht das Gebet des einzelnen zu Gott, sondern das gemeinsame Gebet der gesamten klösterlichen Gemeinschaft. In der benediktinischen Losung „Ora et labora" („Bete und arbeite") war dem Gebet die Arbeit beigestellt, da sie den materiellen Lebensunterhalt der Gemeinschaft sicherte. Zudem gab sie den Mönchen einen Ausgleich und bietet gleichzeitig Beschäftigung, denn schon Benedikt hatte erkannt: „Das Nichtstun ist der Feind der Seele". Doch besaß das Gebet im Klosterleben eindeutig den höchsten Stellenwert, denn alle anderen Tätigkeiten mussten sofort eingestellt werden, wenn die Glocken der Abteikirchen zum Gottesdienst riefen – und das taten sie oft. Nach den ursprünglichen Vorschriften waren für einen Benediktiner neben der täglichen Messe acht Stundengebete am Tag Pflicht, die Mette (auch: Vigil, Nacht), Laudes (ca. 6:00-8:00 Uhr), Prim (ca. 6:00 Uhr), Terz (ca. 9:00 Uhr), Sext (ca. 12:00 Uhr), Non (ca. 15:00), Vesper (ca. 18:00 Uhr) und Komplet (Nacht) hießen. Nach der Komplet trat das Schweigegelübde in Kraft, welches bis zur Laudes andauerte.

Erst auf dem Zweiten Vatikanischen Konzil in den 1960er-Jahren wurde die Prim als Doppelung zur Laudes abge-

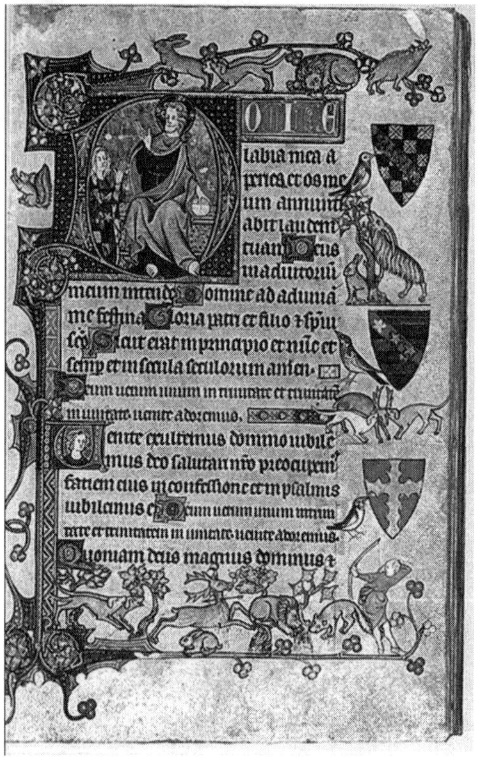

Stundenbücher waren die Gebetsbücher des Mittelalters für die Stundengebete. In diesem großformatigen Stundenbuch ist auf der abgebildeten Seite in der Initiale der segnende Jesus zu erkennen. Aus dem Stundenbuch Grey-FitzPayn, um 1300

schafft und die Zahl der Stundengebete damit auf sieben verringert. Darüber hinaus mussten die Benediktiner im Verlaufe einer Woche alle 150 Psalmen des Alten Testamentes beten oder singen. Im Verlaufe des Mittelalters wurden die Psalmen immer wichtiger, erweiterte sich das Psalmengebet der Benediktiner immer weiter. So mussten im 11. Jahrhundert über 150 Psalmen am Tag gebetet werden, etwa in der berühmten burgundischen Abtei Cluny. Das schafften allerdings nur Kleriker, weshalb bei den Zisterziensern die Gebetszeiten für die in der Landwirtschaft, in den Werkstätten oder an anderen Stellen des Kloster arbeitenden Laienbrüder deutlich reduziert wurden, damit die Arbeitsabläufe nicht allzu sehr ins Stocken gerieten. Als Gebetbücher für die Stundengebete entstanden in den Skriptorien der Klöster so genannte Stundenbücher, die teilweise überaus prunkvoll und kunstvoll gestaltet und illustriert waren.

Das religiöse Leben der nach den Prinzipien der „Vita apostolica" lebenden Mönche der Bettelorden unterscheidet sich in einigen grundsätzlichen Belangen von dem der an der „Vita contemplativa" ausgerichteten Mönche der klassischen monastischen Orden. Bei den Bettelorden gehörte von Anfang an die Predigt zu den zentralen Aufgaben der Mönche. Deshalb errichteten sie in ihren Stadtklöstern meist relativ große Kirchen, die auch für die Öffentlichkeit zugänglich waren. Hier begingen etwa die Franziskaner gemeinsam mit den Gläubigen, die den Weg in ihre Kirchen fanden, in der Regel neben der täglichen Messe nur die Laudes und die Vesper. Die übrigen Stundengebete praktizierten die Mönche im Gegensatz zu den Benediktinern und Zisterziensern in meditativer Art allein in ihren Zellen.

Die Land- und Gartenarbeit

Bereits ab dem frühen Mittelalter erhielten die Klöster in merowingischer und karolingischer Zeit große Schenkungen, Privilegien und Nutzungsrechte verliehen. Später kamen sie getreu des Bibelwortes „Eher geht ein Kamel durch ein Nadelöhr, als dass ein Reicher in den Himmel komme" (Mk 10, 25) in den Genuss zahlreicher Erbschaften, mit denen sich Reiche nach ihrem Tode den Weg in den Himmel ermöglichen wollten. So kam es, dass die Klöster im Hochmittelalter die mächtigsten und reichsten Großgrundbesitzer der feudalen Gesellschaft waren. Allerdings war ihr ausgedehnter Besitz zu großen Teilen oft unerschlossenes Land. Doch die Benediktinermönche und in noch stärkerem Maße die Laienbrüder der Zisterzienser waren durch ihre Ordensregel ausdrücklich zur Arbeit verpflichtet. Vor allem die Zisterzienser rodeten viele Wälder und legten unzählige Sümpfe trocken und verwandelten sie in fruchtbares Acker- und Wiesenland. Dadurch wurden die Klöster immer reicher, ihre Grundherrschaft dehnte sich stets weiter aus.

So gehörten bereits im 9. Jahrhundert 118 Fronhöfe zu der von den Karolingern als ihre „Hausabtei" gegründeten und besonders reich bedachten Abtei Prüm in der Eifel. Sie verfügte über Ackerland für

Abt Regino von Prüm (840-915) stand einer der mächtigsten Abteien Deutschlands vor und war gleichzeitig ein bedeutender Geschichtsschreiber. Diese Darstellung entstammt dem Erstdruck seiner Chronik. Holzschnitt, um 1521

mehr als 12.000 Hektoliter Aussaat, über Wiesen mit 10.000 Wagenladungen (Fuder) Heuertrag und über Weinberge mit über 300 Hektolitern Ertrag. Dazu kamen Waldgebiet für beinahe 7000 Schweine und knapp 50.000 Morgen Land, das an hörige Bauern verpachtet wurde. Allein der Fronhof Villance in den Ardennen bewirtschaftete Ackerland für 2200 Hektoliter Aussaat, Wiesen für 100 Wagenladungen (Fuder) Heu, Wald für 1000 Schweine und rund 1700 Morgen an Hörige verpachtetes Land. Die hörigen Pachtnehmer waren verpflichtet, den zehnten Teil ihres Jahresertrages an das Kloster zu liefern. In Villance belief sich der Zehnt jährlich auf ein Schwein, drei Hühner, 40 Hektoliter Hafer und 60 Spindeln Garn. Insgesamt erhielt die Abtei Prüm in jener Zeit Jahr für Jahr über 400 Hektoliter Salz, 350

Das Zisterzienserkloster Eberbach im Rheingau war ein bedeutender Weinproduzent mit einer eigenen Rheinflotte zum Verschiffen der Weine bis nach Köln. Stich von Wilhelm Dilich, um 1605

Hektoliter Weizen, fast 1000 Hektoliter Roggen, über 3000 Hektoliter Dinkel, 900 Hektoliter Gerste, 1000 Hektoliter Hafer, 150 Wagenladungen (Fuder) Heu, 2000 Hektoliter Wein, fast 4500 Hühner, über 20.000 Eier, 420 Schweine, 270 Schafe, 4500 Spindeln Garn und 2600 Spindeln Wolle.

Im Weinbau tat sich das Zisterzienserkloster Eberbach im Rheingau besonders hervor. Ab dem 13. Jahrhundert unterhielt es sogar eine eigene Rheinschifffahrt, die mit selbst gebauten Schiffen den edlen Wein bis nach Köln transportierte.

Am Anfang arbeiteten die Benediktinermönche selbst auf den nicht verpachteten Äckern, gerieten aber wegen der Weitläufigkeit der Flächen und der damit verbundenen weiten Wege bei ihrer Arbeit in Konflikt mit ihren religiösen Pflichten, die neben der täglichen Messe auch achtmal am Tag das gemeinsame Stundengebet aller Mönche vorsahen. Während dieser Zeiten musste die Arbeit ruhen. Damit ergab sich allerdings schlichtweg das Problem, dass in den großen, reichen Klöstern die Mönche ihre Arbeit einfach nicht bewältigen konnten. Bei den Zisterziensern löste man dieses Problem dann durch die konsequente Ausbildung einer Art „Zweiklassengesellschaft" der Gemeinschaftsmitglieder, die ihren Ursprung allerdings schon bei den Benediktinern hatte.

Feldarbeit im Mittelalter: Ein großer Fortschritt in der mittelalterlichen Landwirtschaft war die Einführung der Dreifelderwirtschaft, die von den Klöstern ausging. Dabei lag immer ein Drittel der Anbaufläche brach. So wurde das Auslaugen des Bodens vermieden. Mit dem Pflug wurde der Boden aufgebrochen, damit er sich wieder erholen konnte. Zeichnung aus der Dresdner Bilderhandschrift des Sachsenspiegels, um 1350

Die Mönche selbst, die nun ausschließlich geweihte Kleriker waren, konzentrierten sich auf ihre religiösen Pflichten und arbeiteten jetzt vor allem in den Klostergärten, wo sie nicht so weit von den Gebäuden des spirituellen Lebens entfernt waren, sodass sie ihren religiösen Pflichten gut nachkommen konnten. Hier beschäftigten sie sich mit dem Anbau von Arzneikräutern und feineren Gemüsearten, mit der Pflege der Blumen, der Obstbäume und der edlen Weinsorten, die an den sonnigen Klostermauern angepflanzt waren. Die harte Feldarbeit auf den Fronhöfen wurde nun zunehmend von Laienbrüdern übernommen, die sich aus der umliegenden Landbevölkerung rekrutierten und deren religiöse Pflichten man so weit reduziert hatte, dass die Ordensbrüder sie in Einklang mit ihrer Arbeit bringen konnten.

Klostergarten und Heilkunde

Ein großer Teil des Arbeitsalltags der Mönche in den Klöstern bestand in der Gartenarbeit im Klostergarten. Zunächst auch von Laienbrüdern gepflegt, arbeiteten im Laufe der Zeit fast nur noch geweihte Kleriker in den Klostergärten. Der Grund: Hier waren sie nicht so weit von den Gebäuden des spirituellen Lebens entfernt wie bei der Arbeit auf den ausgedehnten Ländereien, sodass sie ihren religiösen Pflichten besser nachkommen konnten, etwa den acht täglichen Stundengebeten. Ursprünglich waren die ersten mittelalterlichen Klostergärten reine Nutzgärten. Sie dienten der Versorgung des Klosters mit Gemüse, Obst und Kräutern. Das Ziel sollte sein, dass sich ein Kloster völlig selbst versorgen konnte und nicht auf den Ankauf von Lebensmittel angewiesen war. Dieses Ziel der monastischen Autarkie hatte schon der Heilige Benedikt von Nursia in seiner berühmten

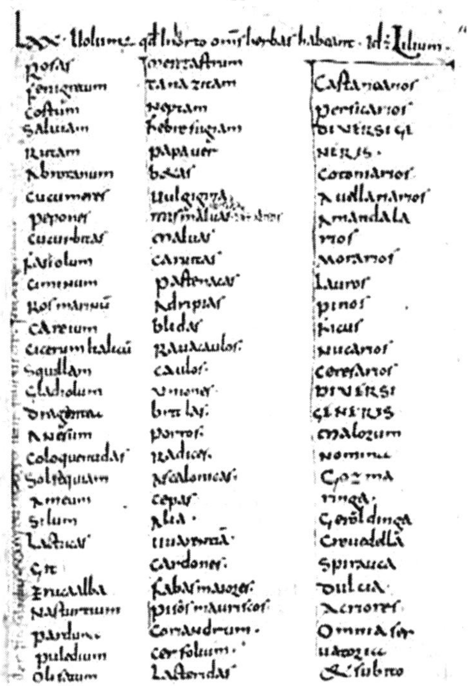
LXX · Volumus quod in horto omnes herbas habeant · id est lilium ·
rosas
fenigrecum
costum
salviam
rutam
abrotanum
cucumeres
pepones
cucurbitas
fasiolum
ciminum
rosmarinum
careium
cicerum italicum
squillam
gladiolum
dragantea
anesum
coloquentidas
solsequiam
ameum
silum
lactucas
git
eruca alba
nasturtium
pardunam
puledium
olisatum

[ment]astrum
tanazitam
neptam
febrefugiam
papaver
betas
vulgigina
mismalvas
malvas
carvitas
pastenacas
adripias
blidas
ravacaulos
caulos
uniones
britlas
porros
radices
ascalonicas
cepas
alia
warentiam
cardones
fabas maiores
pisos mauriscos
coriandrum
cerfolium
lacteridas

castanearios
persicarios
diversi generis
[illegible]
cotoniarios
avellanarios
amandalarios
morarios
lauros
pinos
ficus
nucarios
ceresarios
diversi
generis
malorum
nomina
gozma
ringa
geroldinga
crevedella
spirauca
dulcia
acriores
omnia ser
vatoria
et subito

Eine Seite aus dem Kapitel 70 der Verordnung „Capitulare de villis vel curtis imperii“ von Karl dem Großen. Handschrift, Anfang 9. Jahrhundert

Benediktsregel formuliert: „Das Kloster soll, wenn möglich, so angelegt werden, dass sich alles Notwendige, nämlich Wasser, Mühle und Garten, innerhalb des Klosters befindet und die verschiedenen Arten des Handwerks dort ausgeübt werden können.“

Als reine Nutzgärten waren die Klostergärten im Mittelalter zunächst sehr einfach gehalten. Die Mönche legten auf einem meist rechteckigen Grundriss zeilenförmige Beete an, die sie mit Brettern einfassten. Dies gestattete auch die Anlage von Hochbeeten. Hier bauten sie Kräuter und Gemüse an. Dabei waren sie in der Auswahl nicht frei, denn bereits im Jahre 812 hatte Kaiser Karl der Große, der an solchen Dingen sehr interessiert war, die Verordnung „Capitulare de villis vel curtis imperii“ über die Bewirtschaftung der kaiserlichen Landgüter und Herrenhöfe erlassen, die auch für alle Klöster des Frankenreiches galt. So listete das 70. Kapitel der Verordnung nicht weniger als 73 Nahrungspflanzen und Heilkräuter sowie 16 verschiedene Arten von Obstbäumen auf, die in jedem Klostergarten zwingend angepflanzt werden mussten, soweit die klimatischen Bedingungen am Standort des Klosters dies zuließen. Auch heute noch gibt es solche nach dem großen Kaiser benannten „Karlsgärten“. Neben dem Kräuter- und Gemüsegarten mit seinen Beeten befand sich in der Regel der Obstgarten, in dem ebenfalls die vorgeschriebenen Bäume gepflanzt waren. Hier galt natürlich die klimatische Einschränkung. Hinzu kamen nach dem Belieben der Mönche noch weitere Zierpflanzen wie die Edelrose, die sie zu Beginn des 9. Jahrhunderts aus dem Orient nach Mitteleuropa brachten und hier erstmals kultivierten. Auch hinsichtlich der gartenbaulichen Methoden erließ Karl der Große zahlreiche Vorschriften und erfand selbst durch Naturbeobachtung auch einige Neuerungen, beispielsweise im Weinbau.

Bauern bei der Aussaat. Die großen Klöster verpachteten als wichtigste Grundbesitzer des Mittelalters Land an die Bauern des Umlandes. Zeichnung aus der Schweizer Bilderchronik „Luzerner Schilling", 16. Jahrhundert

In Klöstern mit vielen Bewohnern konnte der Fall eintreten, dass die Gärten nicht groß genug waren, um die für die Vielzahl der zu ernährenden Gemeinschaftsmitglieder erforderlichen Erntemengen zu erzielen. Deshalb wurde der Anbau bestimmter Gemüsearten, die in größeren Mengen benötigt wurden, auf die umliegenden, zum Kloster gehörigen Ackerflächen ausgelagert. Als Folge davon wurden bestimmte hier angebaute Gemüse- oder Obstarten oftmals durch Verwilderung in der Natur heimisch und dadurch der Landbevölkerung auch in entlegenen Gebieten bekannt. Dies betraf vor allem die Zisterzienser, die ihre Klöster ja meist abseits der Hauptverkehrswege in besonders entlegenen Gebieten errichteten. Eine völlig andere Anlage der Klostergärten fand man etwa bei den Kartäusern. Hier hatte jeder der im Gegensatz zu den „geselligen" Benediktinern und Zisterziensern in strenger Klausur lebenden Mönche einen eigenen kleinen Garten vor seiner Zelle, den er ganz allein bewirtschaftete.

Die Auslagerung des Anbaus bestimmter Pflanzen aus den Klostergärten auf die Landgüter schuf in den Klostergärten selbst Raum für neue Pflanzen. Ab dem Hochmittelalter wurden in den Klostergärten nun zunehmend auch Zierpflanzen angebaut. Schließlich nahm der als Ziergarten genutzte Teil oft sogar mehr Raum ein als der Nutzgarten, wie es der große Universalgelehrte Albertus Magnus im um 1260 erschienenen siebten Buch seines Werkes „De vegetabilibus" erläuterte. Der ideale Ziergarten war demnach von einer Baumreihe rundum begrenzt und besaß eine eingefasste Quelle. Als Ziergewächse wurden Akelei, Basilikum, Madonnenlilien, Rosen, Salbei, Schwertlilien, Veilchen, Weinraute und Ysop empfohlen. Mit dem Entstehen der Ziergärten änderte sich auch die Funktion der Klostergärten innerhalb der Klöster. Sie wurden immer mehr zu Stätten der Ruhe und inneren Einkehr und übernahmen in den hoch- und spätmittelalterlichen Klöstern zunehmend die Funktion von spirituellen Orten.

Die Kräutergärten der Klostergärten übernahmen hingegen eine wichtige Rolle bei der Entwicklung der Pflanzenkunde hin zu der wissenschaftlichen Disziplin der Heilmittelkunde. Aufbauend auf dem noch erhaltenen antiken Wissen über die Pflanzen als Heilmittel entwickelte sich

Der Klostergarten des Kapuzinerklosters Rapperswil in der Schweiz. Druck von David Schmid und Franz Hegi, um 1833

im Hochmittelalter so etwas wie ein Vorläufer der Medizin. Rasch entstanden die ersten Abhandlungen, und ein intensiver Austausch von Wissen und Pflanzen setzte zwischen den Klöstern ein. So gelangten zahlreiche uns heute so selbstverständlich erscheinende heimische Kräuter aus dem Orient oder aus dem Mittelmeerraum nach Mitteleuropa. Im geschützten Mikroklima zwischen den Mauern der Klostergärten wuchsen bald überall Pflanzen wie Liebstöckel, Fenchel, Anis oder Salbei.

Die Verwendung bestimmter Pflanzen als Heilpflanzen folgte natürlich nicht wissenschaftlichen Vorstellungen von Medizin, wie wir sie heute kennen. Das wahre Wesen von Krankheiten war im Mittelalter ja noch gar nicht erkannt worden. In der mittelalterlichen Vorstellung waren die Krankheiten Folgen von giftigen Ausdünstungen der Erde, die es zu bekämpfen galt. Deshalb kamen meist stark duftende Pflanzen mit einem hohen Anteil an ätherischen Ölen zum Einsatz, während nur schwach oder gar nicht duftende Pflanzen in der Heilkunde keine Beachtung fanden. Die beliebtesten Heilpflanzen waren die aromatischen Kräuterpflanzen aus dem Mittelmeerraum. Mit ihnen räucherte man in den Hospizen der

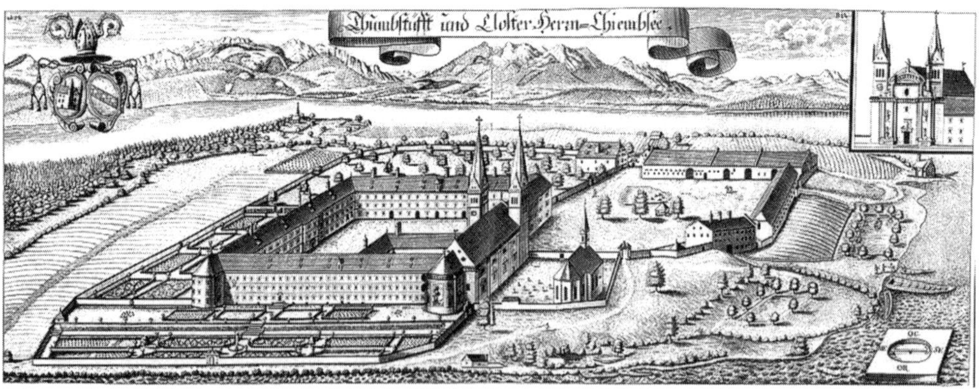

Das ehemalige Augustiner-Chorherrenstift auf der Insel Herrenchiemsee mit seinen ausgedehnten Gärten. Stich von Michael Wening, um 1700

Klöster die krankmachende Luft aus, bevor man duftende Schnittblumen wie Rosen oder Lilien verstreute, denen man starke Heilkräfte zuschrieb. So wurden die Klöster im Mittelalter auch zu Vorreitern in der Krankenpflege, wie es der Heilige Benedikt bereits in seiner Regel gefordert hatte: „Die Sorge für die Kranken muss vor und über allem stehen, damit man ihnen wirklich wie Christus diene."

So sammelten die Mönche und Nonnen große Erfahrung im Umgang mit der Wirkung der Heilkräuter. Es entstanden zahlreiche medizinische und naturkundliche Schriften wie „Causae et Curae" („Ursachen und Heilungen") der großen Äbtissin Hildegard von Bingen, in dem sie ihre Sicht von der Entstehung und Behandlung verschiedener Krankheiten darlegte. Die Mystikerin bezog dabei auch Edelsteine und Metalle in ihre Therapien mit ein. Auf großartige Weise vereinte sie in ihrem Werk „Liber subtilitatum diversarum naturarum creaturarum" („Buch über die Beschaffenheit und Heilkraft der verschiedenen Kreaturen und Pflanzen") das Wissen der Volksmedizin und deren Wirkkräfte mit dem mittelalterlichen Wissen über Krankheiten und Pflanzen. Von den Erfahrungen der Klöster in der Heilmittelkunde profitierten im Spätmittelalter dann die ersten Apotheken, die ab dem 14. Jahrhundert in den rasch wachsenden Städten entstanden.

Handschriften und Buchmalerei

Im Frühmittelalter und im frühen Hochmittelalter waren die europäischen Klöster die einzigen abendländischen Werkstätten, die Bücher herstellen und vervielfältigen konnten. Dies war eine äußerst anspruchsvolle und kunstvolle Arbeit, die in der Regel nicht von einem einzigen Mönch bewältigt werden konnte. Deshalb verlief die Herstellung eines Buches in Arbeitsteilung. Der Schreiber war für die Handschrift, der Maler für die Buchmale-

Ein Mönch bei der Arbeit im Skriptorium. Holzschnitt von Jean Belot, um 1500

reien zuständig. Nur in den seltensten Fällen führte eine Person beide Arbeiten aus. In der Regel war zuerst der Schreiber an der Reihe und erstellte die Handschrift.

Dabei sparte er von vornherein bestimmte Flächen aus, die später mit Bildern gefüllt wurden. Dazu vermerkte der Schreiber auf diesen Flächen in sehr feiner Schrift die Anweisungen für den Maler, die dieser dann mit der anzufertigenden Miniatur übermalte. Im Spätmittelalter ging die Arbeitsteilung in den Skriptorien der großen Klosterwerkstätten so weit, dass einzelne Mönche oft nur noch für bestimmte Teile von Bildern oder Motiven zuständig waren, etwa für die Bildhintergründe. Die kunstvoll gearbeiteten Figuren wurden dann von den Meistern ausgestaltet. Die große Masse der klösterlichen Buchmaler des Mittelalters blieb der Nachwelt unbekannt, da sie sich nicht auf den Bildern selbst verewigen durften, etwa durch Initialen. Die Schreiber hinge-

Die kunstvoll verzierte Initiale P aus einer lateinischen Bibel aus dem Jahre 1407, Malmesbury Abbey, England

gen sind bekannter, da ihre Namen häufiger in Kolophonen auftauchten. Ein Kolophon ist vergleichbar mit einem heutigen Impressum, in dem am Ende des Textes Zeitpunkt und Umstände der Erstellung einer Handschrift vermerkt wurden.

Von Anfang an arbeiteten die Mönche in den Skriptorien der Klöster auch für die karolingische Reichsverwaltung, die durch Kaiser Karl den Großen komplett verschriftlicht wurde. Im Gegensatz zu diesen eher schlicht gehaltenen Verwaltungsdokumenten standen im Hochmittelelter die Prachtbände, die so wertvoll waren, dass sie sich nur weltliche Herrscher, der hohe Klerus oder besonders reiche Abteien leisten konnten. Allein das Material war bereits sehr wertvoll. Bei einer großformatigen Handschrift aus Pergament reichte eine einzige Tierhaut nur für vier Buchseiten. Für einen Band mit 300 Seiten mussten demnach 75 Kälber geschlachtet werden – ein für das Mittelalter enormer Wert! Zudem mussten die Felle zunächst aufwändig aufbereitet und bearbeitet werden, bevor sie dann verwendet werden konnten. Dazu kamen die Farben, deren Bestandteile man oft aus dem Ausland heranschaffen musste, was ebenfalls hohe Kosten verursachte – von den Blattgoldverzierungen ganz zu schweigen. Die Schreib- und Malarbeiten konnten sich bei einem solchen Prachtband dann anschließend noch jahrelang hinziehen. Die Herstellung eines solchen Buches war für so manchen Mönch in den Skriptorien der mittelalterlichen Klöster fast so etwas wie ein Lebenswerk.

Eine wichtige Rolle für die Buchmalerei spielte das benediktinische Mutterkloster Montecassino in Italien. Hier arbeiteten im 11. Jahrhundert große byzantinische Meister, die die Ästhetik der Malerei bei den Benediktinern entscheidend prägten. Weitere bedeutende Skriptorien fanden sich in den Abteien Ivrea, Vercelli, Mailand, Piacenza, Modena, Polirone und Bobbio in Italien sowie Cluny in Frankreich. Als im 12. Jahrhundert durch die Gründung der Reformorden die Anzahl der Klöster stark anstieg, wurden so viele neue Bücher benötigt, dass es zu einem regelrechten „Boom“ kam. Vor allem die Buchkunst der Zisterzienser gewann zu-

Ein Buchdrucker mit seinen Gehilfen bei der Arbeit. Durch die Erfindung des Buchdrucks wurden die Künste der Schreiber und Buchmaler in den Klöstern nahezu bedeutungslos. Holzschnitt von Jost Amman aus „Eygentliche Beschreibung aller Stände auff Erden, hoher und nidriger, geistlicher und weltlicher, aller Künsten, Handwercken und Händeln …“, 1568

nächst großen Einfluss, bis durch Initiativen Bernhards von Clairvaux, der Bildern sehr ablehnend gegenüberstand, diese aus den Handschriften der Zisterzienser in der zweiten Hälfte des 12. Jahrhunderts weitgehend verschwanden.

Mit dem Beginn des 13. Jahrhunderts bekamen die klösterlichen Skriptorien dann durch die in den Städten neu gegründeten Universitäten eine starke Konkurrenz. In den Universitätsstädten entstanden rasch die ersten kommerziellen Schreibstuben und Malerateliers, aus denen sich im Laufe der Zeit leistungsfähige Werkstätten entwickelten, die oft unter der Leitung großer Meister standen. Doch beide, die Skriptorien der Klöster sowie die weltlichen Werkstätten wurden durch die Erfindung des Buchdrucks überrollt. Das massenhafte Aufkommen nachträglich kolorierter Holz- und Kupferstiche bedeutete in der zweiten Hälfte des 15. Jahrhunderts für die Buchmalerei das Ende.

Glück im Unglück: Der Brand von 1865 zerstörte fast das gesamte Kloster Admont bis auf die Bibliothek, die heute die größte Klosterbibliothek der Welt ist. Lithografie von Karl Reichert, 1865

Die mittelalterliche Klosterbibliothek

Waren die Schreiber und Buchmaler in den Skriptorien die Künstler der mittelalterlichen Klöster, so die Bibliothekare die Verwalter und Bewahrer dieser Kunst. Die Klosterbibliotheken waren im Mittelalter wohl die größten Kunstsammlungen der Welt. Gleichzeitig hatten sie aber keinen musealen Charakter, denn die meisten der Bücher, die sich in ihnen befanden, waren Gebrauchsgegenstände, und viele von ihnen wurden alltäglich benutzt. Der „Herr" der Bibliothek war der Bibliothekar, er entschied letztlich darüber, welches Buch wem zugänglich gemacht werden sollte. Damit war er auch eine Art Zensor, denn in so mancher Klosterbibliothek befanden sich auch Bände, die unter Verschluss gehalten wurden, weil sie heidnische oder „ketzerische" Inhalte enthielten. Daher war das Amt des Bibliothekars sehr angesehen, der Amtsinhaber stand in der Hierarchie des Klosters meist weit oben.

Die mittelalterlichen Klosterbibliotheken waren die wichtigsten Bindeglieder zwischen der Antike und dem Hochmittelalter. Ein großer, wenn auch nicht genau zu beziffernder Anteil des antiken Wissens, festgehalten in griechischen und lateinischen Schriften, sind in den Wirren der Völkerwanderungszeit mit ihren zahlreichen Plünderungen des römischen Kulturgutes verloren gegangen. Das Wenige, das gerettet werden konnte, fand seinen Weg in die Klosterbibliotheken, wurde hier – sofern es nicht der kirchlichen Lehrmeinung widersprach – kopiert und fand so allmählich erneuten Eingang in den Wissenskodex des Mittelalters. So kam den Klosterbibliotheken eine überragende Rolle bei der Wiederentdeckung und Bewahrung der antiken Wissenschaften zu. Ein Paradebeispiel dafür ist die Entwicklung der Heilkunde aus den antiken Abhandlungen über die Kräuter des Mittelmeerraumes, beispielsweise durch die große Äbtissin Hildegard von Bingen.

Im Zentrum jeder Klosterbibliothek standen allerdings die theologischen Werke, allen voran natürlich die Heilige Schrift. Darüber hinaus besaß jede Klosterbibliothek die verschiedenen Schriften der Kirchenlehrer und Kirchenväter und die unzähligen Kommentare, die im Laufe der Zeit dazu verfasst wurden. Zudem besaßen die Klöster die verschiedenen Fassungen der Ordensregel samt der dazugehörigen Ergänzungen und umfangreiche Materialien zur Erstellung von Predigten. Schließlich fand sich hier auch meist ein Archiv mit der umfangreichen Korrespondenz mit anderen Klöstern, den Bistümern und dem Heiligen Stuhl in Rom.

Im Hoch- und vor allem im Spätmittelalter bekamen die Klöster auch hinsichtlich ihrer Bibliotheken Konkurrenz durch die in einigen der aufstrebenden Städte entstehenden Universitäten. Vor allem hinsichtlich der wissenschaftlichen Literatur liefen die Universitätsbibliotheken den Klosterbibliotheken allmählich den

Im Spätmittelalter bekamen die Klöster die Konkurrenz der Buchdrucker und Buchbinder zu spüren, die in vielen Städten Werkstätten eröffneten. Holzschnitt von Jost Amman aus „Eygentliche Beschreibung aller Stände auff Erden, hoher und nidriger, geistlicher und weltlicher, aller Künsten, Handwercken und Händeln …“, 1568

Rang ab. Einen tiefen Einschnitt brachte auch hier wieder die Reformation, denn mit den Klöstern wurden in den reformierten Territorien natürlich auch die Klosterbibliotheken aufgelöst. Dabei gingen die Bestände zum Teil geschlossen in weltliche Universitäts-, Hof- oder Ratsbibliotheken oder geistliche Pfarrbibliotheken über, wurden manchmal aber auch in alle Winde verstreut. Die verbliebenen Abteien in Süddeutschland und Österreich konnten von dieser Entwicklung gelegentlich sogar profitieren, indem sie Bibliotheksbestände von nach der Reformation aufgelösten oder durch den Dreißigjährigen Krieg zerstörten Klöstern aufkauften. So wuchsen die Bibliotheken in den Abteien Admont, St. Gallen, Melk, Weingarten und Zwiefalten im 16. und 17. Jahrhundert noch einmal gewaltig an, gleichzeitig wurden sie repräsentativ ausgebaut. Doch nach der Französischen Revolution ereilte auch diese ihr Schicksal. Mit der Säkularisation durch den Reichsdeputationshauptschluss gingen die Klosterbibliotheken im Jahre 1803 in Deutschland – wie auch der restliche kirchliche Besitz – in staatliche Hände über. So entstand beispielsweise die Bayerische Staatsbibliothek. In Österreich hingegen konnten die Klosterbibliotheken in einigen Fällen erhalten werden, wie etwa im steiermärkischen Stift Admont, in dem sich heute die größte Klosterbibliothek der Welt befindet. Wegen ihrer prunkvollen Anlage und des ungeheuren Wissensschatzes, der sich hier befindet, wird die Klosterbibliothek zu Admont oft auch als „achtes Weltwunder“ bezeichnet.

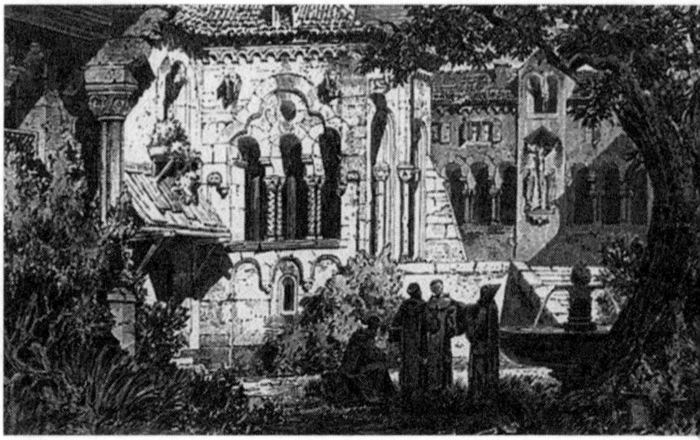

Im Klosterhof trafen sich die Mönche gerne während ihrer seltenen Mußestunden, aber auch zu religiösen Exerzitien. Zeichnung von Ferdinand Knab, um 1900

Klosteralltag früher und heute

Der Alltag in den Klöstern des Mittelalters war stark strukturiert. Vor allem die acht täglichen Andachten, die Horen, bestimmten den Tagesablauf der Mönche. Sie gingen zurück auf die Regel des Heiligen Benedikt von Nursia, die bereits von Kaiser Karl dem Großen zu Beginn des 9. Jahrhunderts als verbindlich für alle Mönche erklärt wurde und nach der auch im späteren Mittelalter noch der überwältigende Großteil aller Mönche lebte. Der Heilige Benedikt hatte sich dabei auf Psalm 119 bezogen, in dem es heißt: „Ich lobe dich des Tags siebenmal“, und: „Mitten in der Nacht stehe ich auf, dir zu danken.“ Bei den monastischen Orden wie etwa den Benediktinern oder Zisterziensern kann man sich den Tagesablauf ungefähr so vorstellen: Die Mönche schliefen bei Kerzenlicht in Kleidern auf ihren Strohsäcken – zunächst alle gemeinsam im Dormitorium, später in einzelnen Zellen.

Doch die Nacht war kurz: Bereits um 2 Uhr früh wurden die Mönche vom Subprior des Klosters durch ein Glockenzeichen geweckt und zur Mette (Vigil) gerufen. Dieser nächtliche Gottesdienst konnte mit Vaterunser, Glaubensbekenntnis,

Psalmen, Lobgesängen, Segnungen, Lesungen aus der Bibel und Schlussgebet bis zu drei Stunden dauern. Wenn er kürzer ausfiel, nutzten die Mönche die dadurch bis zur Morgendämmerung frei werdende Zeit in der Regel mit Lesen. Wenn der Morgen zu grauen begann, wurden die Mönche durch die Glocke zur Prim gerufen, dem ersten der kleinen Stundengebete, in dem man vor allem Lobpsalmen gesungen hat. Danach wurden die organisatorischen Dinge für den kommenden Tag geregelt, Strafen wurden ausgesprochen oder erteilt und die Mönche erhielten ihre Arbeitsaufträge für den Tag. Im Sommer bedeutete dies oft Wald-, Feld- oder Gartenarbeit, im Winter hingegen, wenn die Natur ruhte, konnte es auch schon einmal vorkommen, dass einem Mönch ein ganzer Tag zum Lesen zur Verfügung stand.

Bevor die Arbeit begann, feierte man aber noch die Laudes, in der die Mönche das Lob des Herrn aussprachen und um Segen für den kommenden Tag beteten. Nun ging es an die Tagesarbeit, die im Verlaufe des Tages dreimal von Stundengebeten unterbrochen wurde, und zwar ca. um 9:00 Uhr (Terz), um 12:00 Uhr (Sext) und um 15:00 Uhr (Non). Da die benediktinische Regel vorschrieb, dass alle diese Gebete von allen Mönchen gemeinsam begangen werden mussten, versammelten sie sich nach der Unterbrechung ihrer Arbeit durch die Glocke jeweils in der Klosterkirche. Nach der Terz wurde die Arbeit unverzüglich wieder fortgesetzt, nach der Sext hingegen strömten die Mönche ins Refektorium des Klosters, wo sie nun nach Tischgebeten und Segnungen ihre Mittagsmahlzeit zu sich nahmen. Diese bestanden meist aus Brei, Gemüse wie etwa Hülsenfrüchte. Tierische Nahrungsmittel bekamen die Mönche fast nur in Form von Fisch und Geflügel. Zudem erhielt jeder Mönch eine Tagesration Brot und Wein. Während des Essens durften die Mönche nicht reden, es galt striktes Schweigegebot. Jeder Mönch war dazu verpflichtet, den Predigten oder Auszügen aus der Bibel zu folgen, die während des Essens von der Kanzel des Speisesaals herab vorgelesen wurden. Wer dennoch sprach, wurde bestraft – in leichteren Fällen durch Wegnahme des Essens oder des Weins, in schwereren Fällen oder bei Wie-

Lesungen religiöser Texte gehörten auch in Nonnenklöstern zum Klosteralltag. Zeichnung von Paul Thumann, um 1900

Ein Mönch aus dem Skriptorium des Klosters Reichenau übergibt dem Kölner Erzbischof Gero einen fertigen Kodex. Aus dem Gero-Kodex, um 969

derholung auch durch körperliche Züchtigungen.

Nach dem Essen und einem kurzen Dankgebet ging es entweder zu einer kleinen Mittagsruhe oder bei Bedarf auch direkt wieder an die Arbeit. Die Non teilte dann den Nachmittag in zwei Teile. Wiederum eilten die Mönche in die Kirche, um zu beten, Psalme und Hymnen zu singen und Lesungen aus religiösen Schriften zu hören. Anschließend erhielten sie die Gelegenheit, ausreichend zu trinken – vor allem im Sommer in warmen Gegenden bei der Feldarbeit sehr wichtig! Die Tagesarbeit endete dann damit, dass die Mönche von der Glocke zur Vesper gerufen wurden, dem Abendgottesdienst. Danach zogen die Mönche erneut in das Refektorium, wo sie ein kaltes Abendbrot bekamen. Daran schloss sich noch die Abendlektion im Kreuzgang mit Lesungen an und dann schließlich die Komplet, das Nachtgebet, mit dem der Tag beendet wurde. Nach dem Nachtsegen wurde jeder einzelne Mönch beim Verlassen der Kirche vom Abt mit Weihwasser besprengt. Dann ging man zu Bett. Von der Komplet bis zur Vigil am nächsten Morgen galt das nächtliche Schweigegebot.

Wie lässt es sich bei einem derart strengen und reglementierten Leben erklären, dass die Klöster im Mittelalter für junge Menschen so attraktiv waren und in bestimmten Zeiten einen so großen Zulauf hatten, dass sie gar nicht alle Bewerber aufnehmen konnten? Bei genauerer Betrachtung fällt auf, dass es im Mittelalter beileibe nicht nur religiöse oder spirituelle Gründe waren, die dazu führten, dass Eltern ihre Kinder in Klöster gaben. Ein wesentlicher Faktor war wohl auch die materielle Versorgung von Kindern, die ansonsten keine Lebensgrundlage gehabt hätten. Zur damaligen Zeit war es nämlich so, dass der älteste Sohn den gesamten Besitz des Vaters erbte – geteilt wurde nicht! Hatte eine Familie hingegen mehrere Söhne, konnte es sein, dass für den jüngsten Sohn keine Lebensgrundlage verblieb. Als Laie oder gar Kleriker in einem Kloster war die materielle Versorgung hingegen gesichert. Bei Mädchen war es üblich, die materielle Versorgung durch Heirat herzustellen. Dazu musste die Familie allerdings in der Regel eine Mitgift aufbringen, wozu sie nicht immer in der Lage war. Auch hier diente der Gang in ein Kloster also ebenfalls oft der Absicherung. Erst im 16. Jahrhundert gab es ein Verbot für Kinder unter 16 Jahren, in ein Kloster einzutreten.

Aber auch besser gestellte bzw. adlige Familien gaben immer wieder Kinder in Klöster. Schafften diese dann den Schritt zum Kleriker und wurden geweiht, verschaffte dies wiederum auch den Familien ein höheres Ansehen. So galt es zeitweise geradezu als „chic", einen Kleriker in der Familie zu haben – vielleicht erhoffte man sich dadurch auch eine bessere religiöse Betreuung auf Erden und damit mehr Hoffnung auf das ewige Leben im Jenseits. In den Nonnenklöstern blieben die familiären Beziehungen der Nonnen oft auch über die Klausurgrenzen hinweg bestehen, sodass die Frauen, die den Schritt in ein Kloster gewagt hatten, auch dort ein standesgemäßes Leben führen konnten. Dazu gehörte vor allem die Verleihung einer Leibrente an die Nonne, mit deren Hilfe der karge, von den Ordensregeln vorgeschriebene Lebensstil deutlich annehmlicher gestaltet werden konnte.

Heute ist die Situation auf jeden Fall ganz anders: Wer sich zu einem Leben im Kloster entschließt, muss den starken Wunsch verspüren, Gott nahe zu sein. Er muss sich persönlich bereits vorher intensiv mit den Folgen auseinandersetzen, die dieser Schritt für ihn und seine Familie haben wird. Anders als im Mittelalter gilt der Schritt in ein Kloster in der heutigen Zeit auch nicht mehr als gesellschaftlicher Aufstieg. Zudem wird sich das Leben im Kloster fundamental vom bisherigen weltlichen Leben unterscheiden, und man muss sich bewusst machen, worauf man beim Eintritt in ein Kloster verzichten muss, sei es der Umgang mit seinen Freunden, die Geborgenheit seiner Familie, die Erfüllung in einem Beruf oder die Vertrautheit der Heimat.

Der Tod ereilt eine Nonne, während sie einem Sänger lauscht. Man beachte die edle Ausstattung der Zelle, die auf eine Herkunft der Nonne aus einer reichen Familie hindeutet. Aus dem Holzschnitt-Zyklus „Totentanz" von Hans Holbein dem Jüngeren, um 1535

Wer den Schritt in ein Kloster wagt, der wird zunächst einmal Novize. Der Begriff kommt vom lateinischen „novicus“ und bedeutet schlicht „Neuling“. Über die Aufnahme als Novize oder Novizin in ein Kloster entscheidet die Ordensleitung. Das Noviziat dauert 12 Monate und dient dem Kennenlernen des Klosterlebens und der eigenen Erprobung, ob man dieser Herausforderung gewachsen ist. Novizen unterstehen der Führung durch den Novizenmeister des Klosters und wohnen gemeinsam in einem Novizenhaus. In dieser „Probezeit“ kann der Novize das Kloster jederzeit wieder verlassen, wenn er seine Meinung ändert und sich doch noch gegen ein Leben im Kloster entscheidet. Ansonsten entscheidet der Konvent des Klosters, also die Gemeinschaft aller Mönche oder Nonnen, am Ende des Noviziats darüber, ob der Novize in das Kloster aufgenommen und zur Profess zugelassen wird. Darunter versteht man das öffentliche Gelübde, das der bisherige Novize beim endgültigen Eintritt in den Orden ablegt. Das Wort kommt vom lateinischen „professio“, das „Bekenntnis“ bedeutet. Das Mindestalter für die Profess beträgt 18 Jahre. Das neue Ordensmitglied gelobt sowohl mündlich als auch schriftlich, sein Leben in Zukunft ausschließlich dem Dienst an Gott und den Menschen zu weihen.

Novizen in ihrem typischen weißen Gewand während einer Pause in der inneren Klosterschule. Gemälde von Claus Meyer, um 1910

Dazu gehört auch das Bekenntnis zu den sogenannten Evangelischen Räten, zu Armut, Gehorsam und Keuschheit, die als Ratschläge Jesu Christi für ein vollkommenes Leben verstanden werden. Desweiteren muss das neue Ordensmitglied natürlich die Verbindlichkeit der Ordensregel anerkennen und ihre Befolgung geloben. All dies geschieht im Rahmen einer feierlichen heiligen Messe mit dem dazugehörigen liturgischen Rahmen. Dabei werfen sich die neuen Mitglieder des Ordens dem in der Kirche versammelten Konvent zu Füßen und bekunden damit ihren Willen zu Gehorsam und Demut. Am Ende der Zeremonie werden sie vom Abt vom Boden aufgehoben, erhalten den Willkommenskuss und sind in die Klostergemeinschaft und den Orden aufgenommen. Nun nimmt das neue Ordensmitglied oft einen anderen Namen an – oder bekommt vom Abt einen anderen Namen zugewiesen. Zudem erhält es eine Ordenstracht, den Habit, und in manchen Orden als äußeres Zeichen der Ordenszugehörigkeit auch einen Ring. Dennoch ist die Aufnahme in den Orden jetzt immer noch nicht endgültig, sondern gilt zunächst nur für drei bis fünf Jahre. Man bezeichnet dies als zeitliche Profess. Sie folgt dem Noviziat und geht der ewigen Profess voraus, der Bindung an den Orden auf Lebenszeit, die erst frühestens ab dem 21. Lebensjahr ausgesprochen werden kann.

Nach der Profess tritt der ehemalige Novize oder die ehemalige Novizin dann in den „Alltag" des Klosters ein. Auch wenn das Grundanliegen, das einen Menschen zum Eintritt in ein Kloster bewegt, geblieben ist und auch wenn die Mönche und Nonnen heute noch nach den teils jahrhundertealten Regeln ihrer Ordensgründer leben, sind die Klöster in gewissem Rahmen dennoch mit der Zeit gegangen. Natürlich steht wie schon seit Jahrhunderten auch heute noch die Hinwendung zu Gott für jeden Mönch und jede Nonne an erster Stelle, doch ist der alltägliche Ablauf in den Klöstern heute längst nicht mehr so streng wie etwa im Mittelalter. Dennoch nimmt etwa das gemeinsame Gebet und die gemeinsame Meditation etwa in den benediktinischen Klöstern auch heute noch einen großen Teil des Tages ein.

Ebenso das Schweigegebot gilt in vielen Orden bis heute – wenn auch in sehr unterschiedlicher Ausprägung. In manchen Klöstern darf beispielsweise nur abends gesprochen werden, in anderen wiederum sogar nur an einem einzigen Tag in der Woche. Geändert haben sich auch die Strafen, die den Ordensmitgliedern bei Verfehlungen auferlegt werden: Heutzutage wird niemand mehr lebendig eingemauert oder geschlagen, stattdessen setzt man auf Gespräche und Einsicht und versucht, die gebotene Nächstenliebe vorzuleben.

Die Klöster, die die Säkularisierung von 1803 in irgendeiner Form überlebt haben, sind dabei aber durchweg ihrer Besitzungen wie etwa Weinberge oder Grundbesitz verlustig gegangen. In der Folge hat sich dadurch auch der Charakter der Arbeiten für die Mönche und Nonnen verändert. Einige Verpflichtungen wie Feldarbeit gibt es heute nicht mehr, geblieben sind hingegen alle Tätigkeiten, die im Kloster selbst im Hinblick auf die Versorgung der Ordensmitglieder anfallen.

Dazu sind einige Arbeiten neu hinzugekommen, denn auch die Klöster sind mit der Zeit gegangen. So besitzen sie heute fast durchweg einen Internetzugang und präsentieren sich professionell mit eigener Website. Viele Mönche und Nonnen sind daher durchaus mit Öffentlichkeitsarbeit vertraut. Auch in Bildungs- und sozialen Einrichtungen arbeiten heute viele Ordensmitglieder. Immer mehr Klöster öffnen sich der Gesellschaft und bieten Besuchsmöglichkeiten bis hin zu zeitlich begrenzten Klosteraufenthalten an. Damit erfahren sie großen Zulauf, denn das Interesse der Öffentlichkeit an den Klöstern als Gegenentwürfe zur materialisierten Welt ist beeindruckend groß.

Auch das Armutsgelübde gilt heute noch für Mönche und Nonnen. Persönlich dürfen sie demnach keine materiellen Dinge besitzen. Damit ist natürlich nicht der Besitz persönlicher Dinge zum alltäglichen Gebrauch gemeint, sondern der Besitz von Geld, Immobilien und ähnlichen Werten. Vor dem Eintritt in ein Kloster muss der neue Mönch oder die neue Nonne ein Testament machen und seine oder ihren Besitz verteilen. Wenn ein Ordensmitglied irgendetwas dringend benötigt, kann es vom Cellerar eine Art Taschengeld für diesen Einkauf beantragen. Jeder Mönch und jede Nonne hat bei den Benediktinern heute Anspruch auf 14 Tage Jahresurlaub, über dessen Verwendung er oder sie frei entscheiden kann. Zudem erhalten die Ordensmitglieder täglich eine gewisse Freizeit, die sie für sich nutzen können. Viele Mönche und Nonnen nutzen diese für kulturelle (Kunst, Literatur) oder sportliche (Fitnesstraining) Aktivitäten.

Trotz des engen Gemeinschaftslebens kommt es in den Klöstern nicht automatisch zu persönlichen Freundschaften zwischen Mönchen oder Nonnen. Zwar ist es nur zu menschlich, dass auch Mönche und Nonnen sich mit dem einen oder anderen besser oder schlechter verstehen. Doch haben Freundschaften in Klöstern einen viel geringeren Stellenwert als in der Welt außerhalb der Klostermauern, denn der Aufenthalt in diesen Mauern dient auch heute noch wie eh und je der Hinwendung zu Gott.

Die Architektur der Klöster

Die „eine“ Klosterarchitektur gibt es natürlich nicht – zu unterschiedlich sind die Anforderungen, die die einzelnen Orden und ihre Regeln an die Gebäudekomplexe stellten. So muss sich ein Benediktinerkloster auf dem Lande zwangsläufig fundamental von einem Stadtkloster eines Bettelordens unterscheiden – zu verschieden sind einfach schon die Orden an sich. Zudem gibt es auch innerhalb der einzelnen Orden größere regionale Unterschiede und Traditionen. Schließlich erstreckt sich das Mittelalter über fünf Jahrhunderte, in denen bei der Anlage von neuen Klöstern die verschiedensten Baustile zur Ausführung kamen. So orientierte man sich am Übergang von der Antike zum Frühmittelalter noch an den römischen Vorbildern, insbesondere an dem Typ der römischen Landvilla mit ihren zahlreichen Wirtschaftsgebäuden, die der Selbstversorgung dienten. Die Forderung nach einer solchen klösterlichen Autarkie findet sich bereits in der Regel des Heiligen Benedikt von Nursia, der solche römischen Villen wahrscheinlich zu seinen eigenen Lebzeiten noch kennengelernt hat.

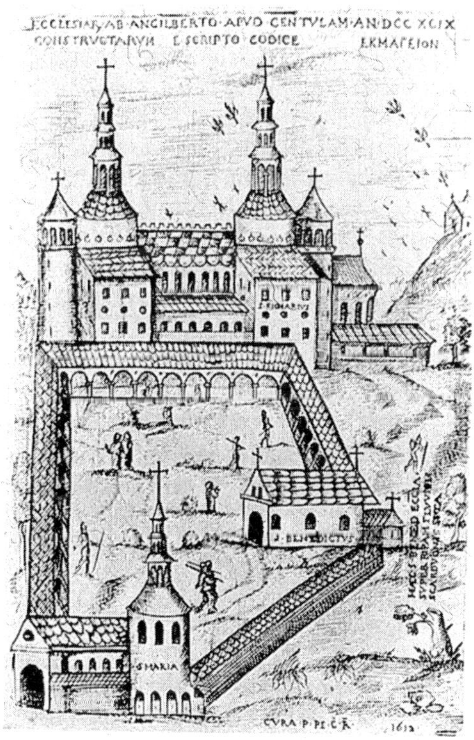

Das Kloster St.-Riquier in Frankreich wurde im Jahre 799 gegründet und im karolingischen Stil erbaut. Stich von Paul Petau aus dem Jahre 1613

Ganz bedeutsam wurden in späteren Jahrhunderten die fränkischen Einflüsse, vor allem die der karolingischen Architektur. Bedeutende Zeugnisse dieser Epoche sind in Frankreich die Abtei St.-Riquier sowie im deutschsprachigen Raum das Kloster Lorsch, von dem heute nur noch die karolingische Torhalle existiert, das Kloster Fulda, das Kloster Reichenau sowie das Kloster St. Gallen. Letzteres war eines der architektonisch bedeutendsten Klöster des Mittelalters, denn es wurde in seiner Anlage zum idealtypischen Vorbild für alle Benediktinerklöster überhaupt. Dabei ist der St. Galler Klosterplan gleichzeitig die älteste Darstellung einer umfassenden Klosteranlage aus dem Mittelalter. Man geht davon aus, dass der Plan um 820 im Kloster Reichenau entstanden ist. Heute wird er in der Stiftsbibliothek St. Gallen aufbewahrt. Es handelt sich um fünf zusammengenähte Pergamentstücke, die auch nach fast 1200 Jahren noch gut erhalten sind. Der Plan weist die Grundrisse von beinahe 50 Gebäuden auf, die genauestens mit Namen und Funktionen beschriftet sind. Größtes Bauwerk des Klosters ist die Klosterkirche. An sie schließt

Der Heilige Gallus war ein Wandermönch, der im 6. und 7. Jahrhundert vor allem im Alpenraum wirkte. Er gilt als Begründer der Stadt und des Klosters St. Gallen. Zeichnung von Otto Knille, um 1890

sich der Kreuzgang an, ein von Wandelgängen, Arkaden oder Galerien umgebener quadratischer Innenhof. Der Kreuzgang von St. Gallen ist die älteste zeichnerische Darstellung eines Kreuzganges überhaupt und bildet das Zentrum dieses idealisierten Klosters. Der Kreuzgang gehörte zu den bedeutendsten Räumlichkeiten eines Klosters. Sowohl praktische und liturgische Aktivitäten wie etwa Gebete und Lesungen als auch Unterricht fanden hier statt. Die offene Fläche in der Mitte des Kreuzganges, in deren Zentrum sich oft ein Brunnen befand, wurde vielfach als Friedgarten genutzt.

Somit war der Friedgarten dann der räumliche Mittelpunkt der Klosteranlage und oftmals neben dem Klostergarten der einzige Fleck Natur, der den Mönchen oder Nonnen zur Verfügung stand – sie durften das Kloster ja nicht ohne besonderen Grund einfach verlassen. Nicht selten wurde der Friedgarten aber auch als Friedhof genutzt. So bestattete man verstorbene Mönche und Nonnen inmitten der Gemeinschaft der Lebenden und führte diesen damit sowohl die Endlichkeit des irdischen Daseins als auch die Erlösung durch das Ewige Leben vor Augen.

Vom Arkadenumgang des Kreuzganges gelangten die Mönche in die Konventsgebäude, die sich an den Kreuzgang anschlossen. Der Konvent umfasste in St. Gallen u.a. die Sakristei, die Bibliothek, das Skriptorium, den Kapitelsaal, die Schule und der Bereich der Mönche mit verschiedenen Küchengebäuden, dem Refektorium, dem Dormitorium und den damals üblichen sanitären Einrichtungen, die im wesentlichen aus dem Waschraum und den Latrinengebäuden bestanden.

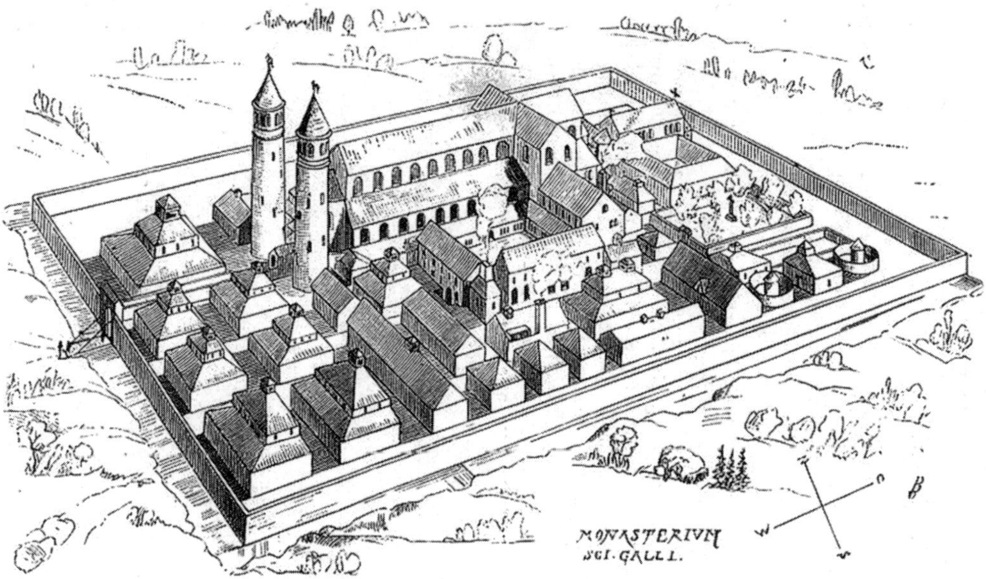

Rekonstruktionszeichnung des Klosters St. Gallen nach dem Original-Klosterplan. So könnte die Abtei im Jahre 830 ausgesehen haben. Zeichnung von Johann Rudolf Rahn, 1876

Gemeinsam mit dem Kreuzgang bildete er den Bereich der Klausur. Der Kapitelsaal oder das Kapitel bildete die zentrale Versammlungsstätte einer klösterlichen Gemeinschaft. In ihm hörte die Klostergemeinschaft die tägliche geistliche Lesung aus der Ordensregel oder aus den Schriften der Kirchenväter und auch die geistlichen Ansprachen des Abtes. Ebenso die nicht-geistlichen Angelegenheiten der Gemeinschaft wurden hier beraten. Dort wurden die Novizen eingekleidet und die Gelübde abgelegt. Auch die Wahl eines Abtes fand im Kapitelsaal statt.

Im Refektorium nahmen die Mönche oder Nonnen eines Klosters ihre Mahlzeiten zu sich. Der Speisesaal ist in der Regel ebenfalls direkt vom Kreuzgang aus zugänglich. Das Refektorium war einer der wichtigsten Räume des Klosters. Die Mahlzeiten wurden schweigend eingenommen, während ein Mönch aus der Bibel, der Ordensregel oder aus den Schriften der Kirchenväter vorlas. Wer das Schweigegelübde brach, wurde bestraft. Die Laienbrüder oder -schwestern speisten in den mittelalterlichen Klöstern der Benediktiner und Zisterzienser in der Regel getrennt von den Klerikern. Dem Refektorium gegenüber war üblicherweise das Brunnenhaus angeordnet, das Lavatorium. Hier wuschen sich die Mönche entsprechend ihrer Ordensregel. Viele Brunnenhäuser entwickelten sich im Laufe der Zeit zu prachtvoll ausgeschmückten Brunnenkapellen.

Ebenfalls von zentraler Bedeutung war das Dormitorium, der Schlafsaal. Vor al-

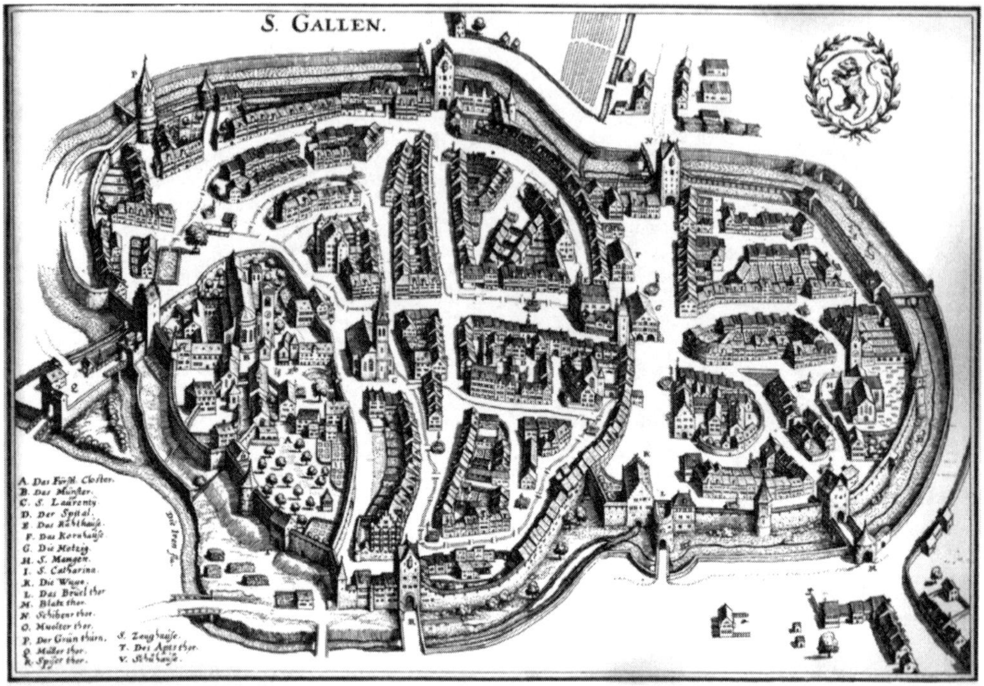

Ansicht der Stadt St. Gallen mit dem Klosterbezirk (unten links) im Jahre 1642. Stich von Matthäus Merian, 1642

lem im frühen Mittelalter schliefen alle Mönche oder Nonnen eines Klosters gemeinsam in einem großen Raum, dessen Boden mit Stroh ausgelegt wurde. Lediglich der Abt besaß in seiner Residenz einen eigenen Schlafraum. Vom Dormitorium aus konnten die Mönche über eine Treppe direkt in den Chorraum der Kirche gelangen – ein großer Vorteil bei den nächtlichen Gebeten, insbesondere bei der Mette (Vigil), die meist um 2:00 Uhr morgens begann. Im Hochmittelalter unterteilte man das Dormitorium durch Vorhänge oder Bretterwände in einzelne, separate Schlafplätze. Im Spätmittelalter wurden die Dormitorien in den Klöstern der Benediktiner und der Zisterzienser zu Zellenkomplexen umgebaut. Als Dormitorium bezeichnete man dann den gesamten Zellenkomplex des Klosters. Nur in wenigen Orden – etwa bei den Trappisten – schlafen die Mönche bis heute in einem gemeinsamen großen Dormitorium.

Vom Dormitorium aus gelangten die Mönche direkt in das Necessarium, wie man in den mittelalterlichen Klöstern die Toiletteneinrichtungen nannte. Idealerweise lagen die Latrinen direkt über einem Fließgewässer oder einem sonstigen Wasserlauf.

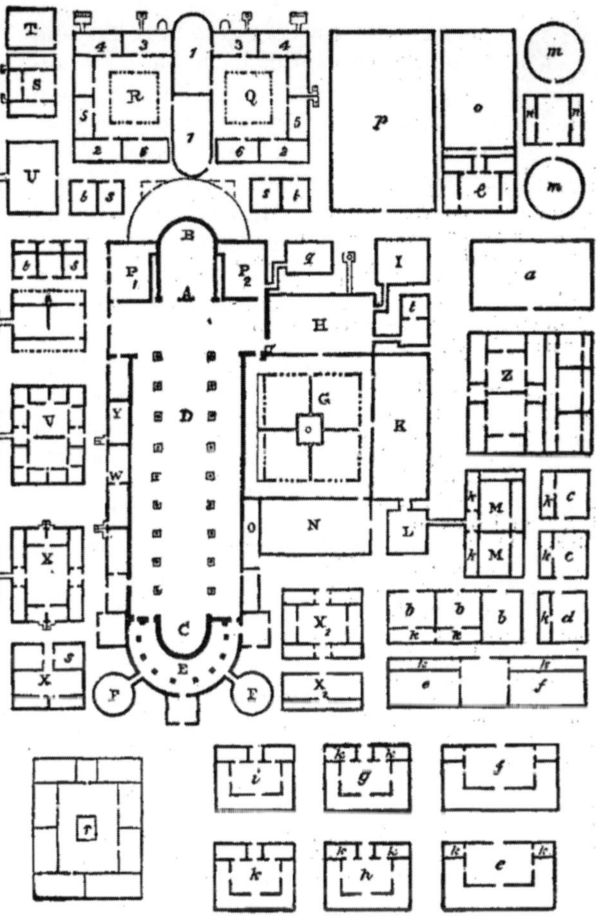

Auf dieser Rekonstruktion des Original-Klosterplans von St. Gallen schließt sich der Kreuzgang rechts an die Abteikirche an und ist mit dem Großbuchstaben G gekennzeichnet. Rekonstruktionszeichnung aus der 11. Auflage der Enzyclopedia Britannica, 1910

Der wichtigste Arbeitsraum der Mönche und gleichzeitig der einzige, der sich im Bereich der Klausur befand, war das Skriptorium. Es war idealerweise so angeordnet, dass es eine möglichst breite Fensterfront besaß, die zudem auch noch zur hellsten Seite hin ausgerichtet war. Dies war nötig, um den Schreibern und Miniaturenmalern die bestmöglichen Arbeitsbedingungen zu bieten. Aus diesem Grund richtete man das Skriptorium oft auch oberhalb der Küche oder einer Wärmstube, eines Kalfaktoriums, ein – vor allem in kalten Gegenden. So konnte man den Mönchen, die im Skriptorium arbeiteten, auch im Winter etwas Wärme am Arbeitsplatz bieten.

Etwas entfernt vom Bereich der Klausur standen Gästehäuser für Gastmönche und Pilger, die Residenz des Abtes – falls separat vorhanden – sowie das Krankenhaus, auch Infirmarium, Infirmerie oder Infirmatorium genannt. Hier wurden in den mittelalterlichen Klöstern die erkrankten Klosterbewohner gepflegt. In kleinen Klöstern bestand das Infirmarium manchmal nur aus einem einzigen Raum, in größeren Anlagen der Benediktiner hingegen waren die Krankenhäuser mitunter freistehende, teilweise auch kunstvoll ausgestaltete Steingebäude. An das Infirmarium schlossen sich noch zahlreiche Wirtschafts- und Handwerksgebäude an.

Im äußeren Bereich war der Platz für die Anlage des Klostergartens. Selbst Wege, Pfade, Zäune und Mauern finden sich im St. Galler Klosterplan detailliert verzeichnet. Das ganze, streng rechteckig angelegte Kloster wurde von einer hohen Mauer umgeben, die der Mönch nach der Regel des Heiligen Benedikt nach dem

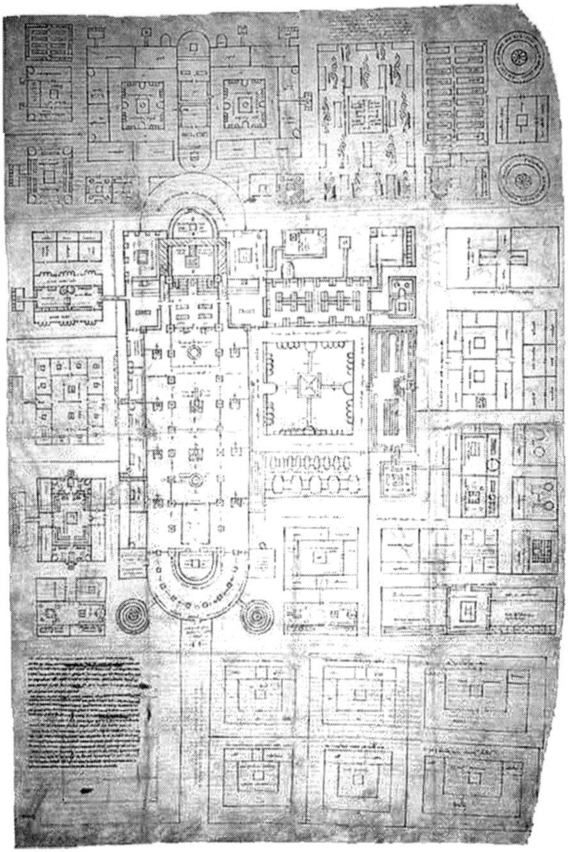

Das Original des St. Galler Klosterplans ist zu Beginn des 9. Jahrhunderts auf der Insel Reichenau entstanden. Es wird heute im Kloster St. Gallen aufbewahrt.

Eintritt in den Orden nie mehr verlassen sollte. Das Kloster St. Gallen bot mit seiner weitläufigen Anlage, die beinahe einer kleinen Stadt glich, wohl ca. 100 Mönchen und ca. 200 Laienbrüdern Platz.

Bis heute ist nicht geklärt, aus wessen Feder der St. Galler Klosterplan letztendlich stammte. Der einzige Hinweis ist eine Widmung, die der Verfasser an den damaligen Abt Gozbert gerichtet hat und deren Text auf deutsch wie folgt lautet: „Für dich, mein liebster Sohn Gozbert, habe ich diese mit kurzen Bemerkungen versehene Kopie des Plans der Klostergebäude verfasst, womit du deinen Erfindungsgeist üben und worin du auch meine Hingabe erkennen magst; du kannst mir vertrauen, dass ich nicht zaudere, deine Wünsche zu erfüllen. Stell dir nicht vor, dass ich diese Aufgabe unternommen habe in der Annahme, dass du auf unsere Anweisungen angewiesen bist, sondern glaube eher, dass ich dies aus Gottesliebe und freundschaftlichem, brüderlichem Eifer gezeichnet habe für nur deine Betrachtung. Lebe wohl in Christus und denke immer an uns, Amen.“

Die Anlage von Benediktinerklöstern hat sich in der Folgezeit stets am St. Galler Klosterplan orientiert, wurde aber aufgrund der jeweiligen lokalen Gegebenheiten immer wieder modifiziert, sodass man den Plan nicht als verbindliche Anweisung, sondern eher als Idealtypus betrachten kann. So musste sich die Anlage eines Klosters in ihren Proportionen natürlich an den Größenverhältnissen des tatsächlichen Baugrundstücks orientieren, der Plan konnte da oft nur Anhaltspunkte bieten. Auch die Anordnung der Gebäude wurde vielfach modifiziert, etwa nach den klimatischen Gegebenheiten. So verlegte man in heißen Gegenden besonders wichtige Gebäude wie die Residenz des Abtes, die Bibliothek, das Skriptorium oder die Schule an die kühlsten Stellen des Geländes, während man etwa den Klostergarten

Als architektonisches „Juwel" gilt der aus dem 14. Jahrhundert stammende spätgotische Kreuzgang der Kirche San Franciso in Palma de Mallorca.

immer an einer besonders sonnigen Stelle anlegte. Dazu kamen noch regionale Traditionen, wie etwa der Bau von freistehenden Türmen der Abteikirche, die in Südeuropa häufig, nördlich der Alpen hingegen eher selten anzutreffen ist.

Im Hochmittelalter dominierte der romanische Baustil die neu angelegten Klöster. Aufgrund ihres teilweise enormen Reichtums wurden die Abteien nun überaus prachtvoll angelegt. Die um das Jahr 1000 herum wohl reichste Abtei Europas war das Kloster Cluny im französischen Burgund. Hier baute man im Zuge der Vergrößerung der Abtei ab 1085 die damals

Ansicht der bis 1769 im barocken Stil neu errichteten Fürstabtei St. Gallen. Stich von C. Mayr, um 1769

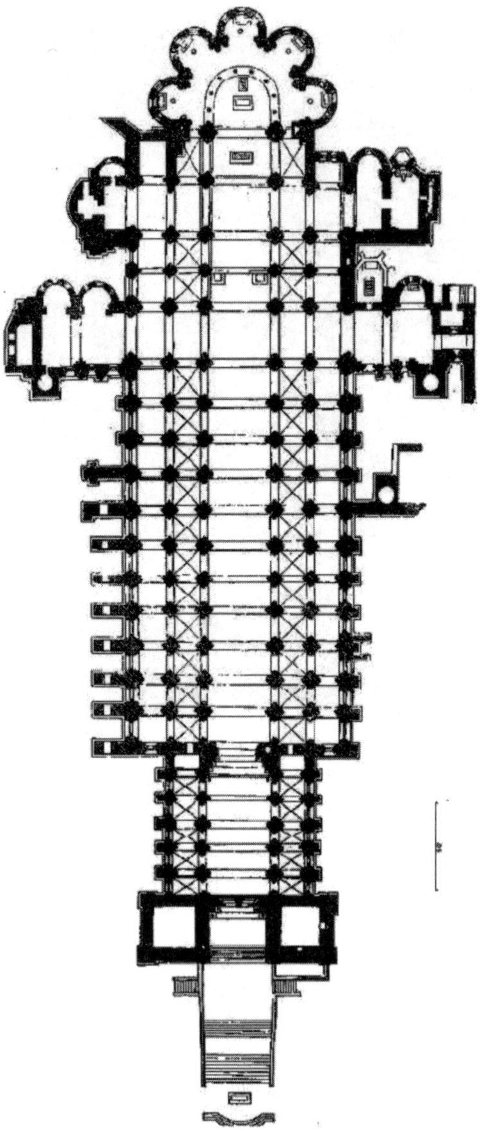

Die im Jahre 1095 von Hugo von Cluny eingeweihte Abteikirche Cluny III war zu ihrer Zeit die größte Kirche der Welt. Rekonstruktionszeichnung des Plans aus dem 19. Jahrhundert aus dem Illustrierten Handbuch der Architektur von James Fergusson, 1855

größte Kirche der Welt, größer noch als der damalige Petersdom in Rom. Das gewaltige, fünfschiffige Langhaus der heute als „Cluny III" bezeichneten Kirche war beinahe 190 m lang, das üppige Querhaus fast 75 m breit. Einige mächtige Türme und zahlreiche Anbauten von Kapellen komplettierten das äußere Bild. Aber beinahe noch beeindruckender war das Innere der Kirche: Beinahe 30 Meter hoch erhob sich das schwindelerregende Mittelschiff, das nach oben von einer fast 15 m breiten, einzigartigen Tonnendecke begrenzt wurde. Die Ausstattung des Innenraums war überaus prachtvoll mit wertvollen Malereien, Skulpturen, Ornamenten und mit Gold und Edelsteinen. Leider ist dieses architektonische Wunderwerk heute nicht mehr vorhanden, denn bis auf die Überreste von zwei Querschiffen, den Weihwasserturm, die Kapelle von Jean de Bourbon und einige wunderschöne Kapitellen wurde die Kirche in den Jahren der französischen Revolution vollständig zerstört und als Steinbruch genutzt.

Der Reichtum und die weltliche Macht der Benediktinerklöster und nicht zuletzt auch die ungeheure Prachtentfaltung von Cluny III wurde aber auch kritisch betrachtet und führte zu einer Reformbewegung innerhalb des benediktinischen Ordens und schließlich zur Abspaltung des Ordens der Zisterzienser von den Benediktinern. Die Zisterzienser verurteilten die materielle Pracht der benediktinischen Klöster und wollten selbst wieder sehr viel strenger nach der Regel des Heiligen Benedikt leben, als es die Benediktiner selbst zu Beginn des 12. Jahrhunderts taten. Das machte sich auch in der Architektur der Klöster bemerkbar, die im 12.

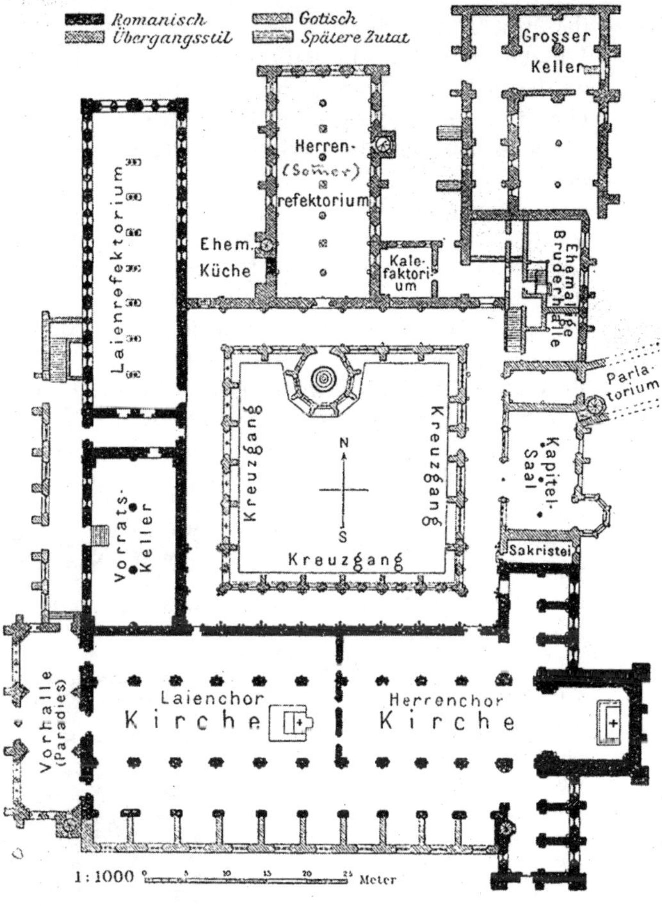

Der Grundriss des Klausurbereichs der im Jahre 1147 gegründeten Zisterzienserabtei Maulbronn. Die Anordnung der Gebäude entsprach auch hier weitgehend dem St.-Galler Klosterplan. Zeichnung von 1913, aus dem Baedeker „Süd-Deutschland" von 1913

Jahrhundert in großer Zahl meist in abgelegenen, unwegsamen Waldgebieten fernab der großen Verkehrswege entstanden. Es entwickelte sich zwar kein durchgängiger, typisch zisterziensischer Baustil, denn schließlich orientierten sich die Anlagen der Zisterzienser in funktionaler Hinsicht ebenso am St. Galler Klosterplan wie die der Benediktiner. Auch bei den Zisterziensern stand die Abteikirche im Mittelpunkt, an die sich die Klausur mit dem Bereich der Mönche anschloss, während die Wirtschaftgebäude der Laienbrüder weiter davon entfernt waren. Und auch bei den Zisterziensern lag der Klostergarten an der sonnigsten Stelle der Anlage.

Die grundlegenden Unterschiede lagen also weniger in der Grundstruktur der Anlage als vielmehr in der Bauausführung. Der wichtigste Punkt war die Schmucklosigkeit. Während für den Heiligen Benedikt Kunst als Abbild des Göttlichen in der Natur galt, sah Bernhard von Clairvaux, der große Ordensmann der Zisterzienser, darin nur Verschwendung und nutzloses Beiwerk. So verbannte er zunächst Bilder, später dann auch große Bereiche von Bauschmuck aus den Klöstern. Das ging so weit, dass in zahlreichen Abteien die Klosterkirchen keine steinernen Türme mehr erhielten. Es ist aber auch zu bedenken, dass die Zisterzienser bewusst viel ärmer waren als die Benediktiner und sie daher für den Bau ihrer Klöster wesentlich geringere Mittel zur Verfügung hatten. Wie bei den benediktinischen Klöstern auch, wurde bei weiteren Um- und Anbauarbeiten ab dem 13. Jahrhundert der romanische Baustil allmählich von der Gotik mit ihren beeindruckenden Spitzbögen und mächtigen Strebepfeilern verdrängt. Das bedeutendste mittelalterliche Kloster der Zisterzienser ist heute die Abtei Maulbronn im badischen Kraichgau.

Immerhin unterschieden sich die Klöster der Zisterzienser und die der Benediktiner weniger voneinander als beide von den Stadtklöstern der Bettel- und Predigerorden. Wegen des Armutsideals handelte es sich bei diesen um recht schlichte Ensembles, die mit dem St. Galler Plan nun kaum noch etwas gemeinsam hatten. Dies war einfach ihrer Lage in den Städten geschuldet, die die monastische Autarkie des Heiligen Benedikt schlichtweg überflüssig machte. Man konnte in den Städten doch alles bekommen, da hatte eine aufwändige Selbstversorgung wenig Sinn. Abgesehen davon stand in den dicht gedrängten Städten einfach auch gar nicht genug Platz für eine Klosteranlage ähnlich der in St. Gallen zur Verfügung.

So wurden die Stadtklöster der Bettel- und Predigerorden vor allem von ihrer öffentlich zugänglichen Kirche als Ort des gemeinsamen Gebetes mit den Gläubigen der Stadt und von der Klausur geprägt, die nur den Mönchen offen stand. Eine Neuerung in der Anlage der Stadtklöster, die später aber auch von den monastischen Orden übernommen wurde, war die Einrichtung zahlreicher Zellen, in denen die Mönche einzeln ihren Stundengebeten, Meditationen und sonstigen spirituellen Handlungen nachgingen. Die Zelle war Schlafraum und persönlicher Rückzugsort jedes einzelnen Mönchs, der von anderen Mönchen nicht betreten werden durfte.

Das Dominikanerkloster am Predigertor in Freiburg befand sich direkt an der Stadtmauer. Ausschnitt aus einem Stich von Matthäus Merian, 1663

Kleines Kloster-ABC

A

Abt/Äbtissin Seit dem 5. Jahrhundert die Bezeichnung für den Vorsteher eines Klosters – vor allem bei den Benediktinern und Zisterziensern (bei Frauenorden die Äbtissin). Sie sind die „Herrscher" über die Abtei, alle Klosterbewohner sind ihnen zu unbedingtem Gehorsam verpflichtet. Die Fürstäbte des Mittelalters übten in den Besitzungen der Abtei die weltliche Gewalt und Gerichtsbarkeit aus.

Abtei Ein Kloster, das von einem Abt oder einer Äbtissin geleitet wird. Vor allem bei den monastischen Orden der Benediktiner, Zisterzienser, Trappisten, Kartäuser und Karmeliten sowie bei den Augustiner-Chorherren sind die Klöster in der Regel Abteien. Die Erhebung eines Klosters zur Abtei wird vom Papst vorgenommen. Dazu ist eine Mindestgröße des Klosters notwendig.

Adlatus Im allgemeinen Sprachgebrauch ein untergeordneter Gehilfe oder Beistand. Im Klosterleben benötigen wichtige Amtsträger wie der Bibliothekar oder der Cellerar einen Gehilfen, der aus den Reihen der jüngeren Mönche kommt. Der Adlatus kann im Laufe der

Äbtissin Irmgard setzt im Jahre 894 zu der bereits 782 gegründeten Abtei Frauenwörth auf der Insel Frauenchiemsee im Chiemsee über. Gemälde von Karl Raupp, um 1893

Zeit dabei von einem einfachen Gehilfen zu einem Vertrauten und nicht selten auch zum Amtsnachfolger werden.

Albigenser s. Katharer

Antoniter Im Jahre 1095 als Laienbruderschaft in Südfrankreich gegründeter Orden, der sich nach Antonius dem Großen benannte, dem ersten christlichen Mönch. Die Aufgabe des Ordens war die Pflege und die Behandlung von am Antoniusfeuer Erkrankten, einer im Mittelalter in Europa weit verbreiteten Vergiftung durch Mutterkorn, einem Getreidepilz. 1777 ging der Orden im Malteserorden auf.

Antonius der Große: Die Versuchung des Heiligen Antonius. Ölgemälde von Hieronymus Bosch, zwischen 1500 und 1525

Antonius der Große Heiliger aus Ägypten (251-356), der zur Zeit der Christenverfolgungen unter Kaiser Diokletian zu Beginn des 4. Jahrhunderts als Asket und Einsiedler in der ägyptischen Wüste lebte und dort eine lockere Gemeinschaft von Eremiten um sich scharte. Antonius gilt als erster christlicher Mönch.

Armarium Ein Schrank zur Aufbewahrung von Büchern in Klöstern, die nicht über eine gesonderte Bibliothek verfügten. Das Armarium befand sich meist in einer Nische in der Ostwand des Kreuzganges und war zwischen dem Kapitelsaal und Portal der Klosterkirche angeordnet. Es wurde von einem Kantor verwaltet, der auch die Zugangszeiten regelte.

Armut Ein Gelübde, das jeder Angehörige einer christlichen Ordensgemeinschaft ablegt. Die konkrete Ausgestaltung war früher ein ständiger Streitpunkt und führte zu zahlreichen Reformbewegungen und Ordensneugründungen. Bei den Benediktinern musste jeder Mönch in Armut leben, das Kloster selbst war aber oft sehr reich. Bei den Bettelorden hingegen war auch der Orden selbst als Institution zur strengen Armut verpflichtet.

Askese Die Disziplinierung des eigenen Verhaltens mit einem höheren Ziel. Dieses besteht im Mönchtum aus dem Streben nach religiöser Vollkommenheit. Gleichzeitig versucht der Asket sämtliche Verhaltensweisen zu vermeiden, die dem Erreichen des Ziels im

Wege zu stehen scheinen, insbesondere die als Bequemlichkeit oder Genuss angesehenen Dinge aus den Bereichen Ernährung und Sexualität.

Augsburger Religionsfrieden Im Jahre 1555 auf dem Reichstag zu Augsburg beschlossenes Gesetz, in dem die lutherischen Reichsstände die Anerkennung ihres Glaubens und ihres Besitzstandes erreichten. Damit wurden die Folgen der Reformation zementiert. Nach der Formel „cuius regio, eius religio“ mussten alle Untertanen die Konfession ihres jeweiligen Landesherrn annehmen. Für die Klöster in den reformierten Gebieten bedeutete dies zumeist das Aus.

Augustinus von Hippo: Die von Augustinus verfasste Regel wurde von vielen späteren Orden übernommen. In dieser Abbildung aus der Norbertsvita von 1140 übergibt Augustinus dem Heiligen Norbert von Xanten, dem Gründer des Prämonstratenserordens, seine Regel.

Augustiner Der Augustinerorden, bis 1963 als Augustiner-Eremiten bezeichnet, war neben den Franziskanern, den Dominikanern und den Karmeliten der vierte große Bettelorden des Mittelalters. Der Orden richtet sich nach der Regel des Kirchenvaters Augustinus von Hippo. Er wurde im 13. Jahrhundert von Papst Innozenz IV. durch den Zusammenschluss einiger italienischer Eremitengemeinschaften gegründet.

Augustinus von Hippo (354-430) Kirchenvater und einer der wichtigsten Heiligen der katholischen Kirche, dessen Schriften heute noch zu den grundlegenden theologischen Werken des Abendlandes zählen. Im Jahre 391 gründete er im nordafrikanischen Hippo ein Kloster und formulierte eine Regel, aus der sich die Augustinusregel entwickelte, nach der heute noch der Augustinerorden und einige andere Orden leben.

Autarkie Die Fähigkeit eines Systems, alles, was es zum Weiterexistieren benötigt, aus seinen eigenen Ressourcen zur Verfügung zu stellen. Die Forderung nach monastischer Autarkie innerhalb der Klostermauern geht auf den Heiligen Benedikt von Nursia zurück und findet im St. Galler Klosterplan ihren Ausdruck. Später wich die Autarkie der Selbstversorgung, als große Wirtschaftsflächen außerhalb der Klostermauern lagen.

B

Beginen und Begarden Ordensähnliche Gemeinschaft christlicher Laien, die ab dem 13. Jahrhundert klosterähnliche Hausgemeinschaften gründeten. Hier lebten die weiblichen (Beginen) und männlichen (Begarden) Mitglieder in Keuschheit und ehelos miteinander. Von der katholischen Kirche wurden sie als Ketzer gebrandmarkt und mittels der Inquisition verfolgt. Weite Teile von ihnen schlossen sich später der Reformation an.

Beginenhof Eine typische Wohnanlage der Beginen, vor allem in den Niederlanden und Belgien (z.B. Brügge). Ein Beginenhof besteht meistens aus einem Innenhof, um den sich Wohnhäuser, eine Kapelle, Nebengebäude und oft ein größeres Haus mit einem Versammlungsraum gruppieren. Der Beginenhof ist durch Mauern oder Wassergräben deutlich von dem Rest der Stadt abgegrenzt.

Benedikt von Nursia (480-547) Italienischer Einsiedler und Klostergründer an der Zeitenwende von der Antike zum Mittelalter. Der Heilige gründete das Kloster Montecassino und verfasste als Abt eine Regel, nach der in weiten Teilen des Mittelalters fast alle Mönche lebten. Daraus ging der Benediktinerorden hervor, der größte und reichste Orden des Mittelalters.

Benediktiner Ein monastischer, kontemplativ ausgerichteter Orden, der als der älteste christliche Orden gilt. Er geht auf den Heiligen Benedikt von Nursia zurück, der in dem von ihm gegründeten Kloster Montecassino die benediktinische Regel formuliert hatte. Die Grundregel des Ordens lautet „ora et labora et lege“: „Bete, arbeite und lies“.

Bernhard von Clairvaux (1090-1153) Der dritte Abt des Zisterzienserordens und insofern nicht dessen Gründer, aber dennoch die wichtigste Person in dessen Geschichte. Bernhards Verdienst war nichts weniger als die Ausbreitung des neuen Ordens in ganz Europa. Zudem trat er auch als Mystiker und vor allem mit seinem Aufruf zum 2. Kreuzzug als Kreuzzugsprediger in Erscheinung.

Bettelorden Ordensgemeinschaften, die über die Besitzlosigkeit und Armut des einzelnen Mönchs hinaus auch als Orden selbst auf jeglichen materiellen Besitz verzichten. Bettelorden entstanden im 13. Jahrhundert als Reformorden, die den Reichtum der Benediktiner und Zisterzienser ablehnten. Die vier großen Bettelorden des Mittelalters waren die Franziskaner, die Dominikaner, die Karmeliten und die Augustiner-Eremiten.

Bibliothek Im Mittelalter waren die Benediktinerabteien die Hochburgen des Wissens. In ihren Bibliotheken fanden sich Rekonstruktionen der antiken Schriften ebenso wie Originale und Kopien der Heiligen Schrift, der Schriften der Kirchenväter und Ordensgründer, aber auch wissenschaftliche Abhandlungen aus dem moslemischen Raum.

Buchmalerei Die reichhaltige Verzierung von Büchern mit kunstvollen Miniaturen, die aus der Antike stammt und bis in die frühe Neuzeit reicht. Die Benediktinerabteien des Mittelalters waren im Mittelalter federführend, mit

Buchmalerei: Die Darstellung des Gartens Eden im Stundenbuch des Herzogs von Berry, um 1415

dem Aufkommen der Universitäten bekamen sie jedoch harte Konkurrenz, und die Erfindung der Drucktechnik bedeutete das Aus dieser Kunstgattung.

Bursar Im Verlaufe des Mittelalters wurden die Benediktinerabteien durch Schenkungen und Erbschaften so reich, dass die Verwaltung des materiellen Besitzes auf mehrere Schultern verteilt wurde. Der Bursar war dabei ausschließlich für die Finanzen des Klosters zuständig. Regelmäßig musste er dem Abt über die finanzielle Situation der Abtei Bericht erstatten.

C

Camerarius Ein wichtiges Amt in jedem Kloster war im Mittelalter das des Kämmerers. Der Camerarius war für den gesamten Bereich der Lebensmittelherstellung und Nahrungszubereitung zuständig. Er beaufsichtigte die verschiedenen Küchen für die Mönche, die Novizen, die Kranken und die Gäste, die Bäckereien für die Mönche, die Gäste und die Hostien sowie die Brauerei. Zudem teilte er die Mönche zum Arbeitsdienst in der Küche ein.

Cellerar Unterstand dem Camerarius die Verarbeitung der Lebensmittel, so musste der Kellermeister dafür sorgen, dass dem Kloster rund ums ganze Jahr jederzeit genügend Nahrungsmittel zur Verfügung standen. Deshalb beaufsichtigte der Cellerar auch die Landgüter, die der Abtei unterstanden. Auch die Werkstätten standen unter seiner Aufsicht. Heute ist das Amt des Cellerars immer noch eines der wichtigsten Ämter in einem Kloster.

Chorherr Ein in Gemeinschaft lebendes Mitglied eines Dom- oder Stiftskapitels, auch als Kanoniker bezeichnet. Ein Teil des Augustinerordens setzt sich im Gegensatz zu den Benediktinern, Zisterziensern oder Trappisten nicht aus Mönchen, sondern aus Chorherren zusammen. Ihre Hauptaufgabe besteht vor allem in der Mitwirkung an der gemeinsamen Liturgie der Heiligen Messe und der obligatorischen Stundengebete.

Cluniazenser Benediktinischer Reformorden des Hochmittelalters, der in der Abtei Cluny im französischen Burgund entstand. Von hier ging im 10. Jahrhundert eine teifgreifende Erneuerungsbewegung der Kirche aus, die nach dem Ende des Karolingerreiches in eine allgemeine moralische und sittliche Krise geraten war. Zahlreiche andere Benediktinerabteien schlossen sich dem an, sodass der Klosterverband der Cluniazenser sich schnell über ganz Westeuropa ausbreitete.

D

Domingo de Guzmán (1170-1221) Der Heilige Dominikus war der Gründer des Dominikanerordens. Als Zeit- und Augenzeuge des Albigenserkreuzzugs gegen die ketzerischen Katharer in Südfrankreich erlebte er das Massaker von Béziers im Jahre 1209 mit. Er stand innerhalb der katholischen Kirche, machte deren Prunk jedoch für die Entstehung von Ketzerei mitverantwortlich.

Dominikaner Im Jahre 1217 wurde der „Orden der Prediger" vom Papst offiziell anerkannt. Seine Grundlage war die Regel des Heiligen Augustinus, die vom Ordensgründer, dem Heiligen Dominikus, noch um das Gebot der Armut erweitert wurde. Von Anfang an waren die Dominikaner intellektuell geschult, weshalb sie auch bald nach ihrer Gründung eine wichtige Rolle in der Inquisition übernahmen.

Dormitorium Der Schlafsaal eines Klosters. Zu Beginn waren die Dormitorien vor allem der Benediktiner größere, mit Stroh ausgelegte Räume, in denen alle Mönche gemeinsam schliefen. Später wurden durch das Einziehen von

Dominikaner: Der Dominikanermönch Giordano Bruno war ein Dichter und Philosoph, der von der Inquisition als Ketzer verbrannt wurde. Porträt aus dem „Livre de recteur", Genua, 1578

Trennwänden die einzelnen Schlafplätze unterteilt, bevor sich mit dem Aufkommen der Stadtklöster einzelne Zellen als intime Lebensbereiche der Mönche durchsetzten.

E

Eremit Ein Einsiedler, ein Mensch, der aus religiösen Gründen fernab von den Menschen in der Einsamkeit lebt – ursprünglich in der Wüste – und so eine spirituelle Erhöhung in seinem Verhältnis zu Gott erfährt. Der Eremit An-

Eremit: Darstellung der Himmelfahrt des Eremiten und Propheten Elija. Holzschnitt von Julius Schnorr von Carolsfeld, um 1860

tonius der Große gilt als der erste christliche Mönch überhaupt, und auch die großen Ordensgründer Benedikt von Nursia und Franz von Assisi haben lange Zeit ihres Lebens als Eremiten verbracht.

Evangelische Räte Weisungen, die Jesus nur denjenigen seiner Jünger gab, die er dafür in besonderer Weise vorherbestimmt hielt und deren Befolgung diese Jünger für ein apostolisches Leben in der Nachfolge Jesu befähigten: Keuschheit, Armut und Gehorsam. Mitglieder einer Ordensgemeinschaft verpflichten sich in ihrem Gelübde zu einem Leben nach den Evangelischen Räten.

F

Franz von Assisi (1181-1226) Italienischer Heiliger und Gründer des Bettelordens der Minderen Brüder und Mitbegründer des Ordens der Klarissen. Durch seine eremitische und apostolische Lebensweise in Armut und streng nach dem Evangelium zog er schnell viele Gleichgesinnte an. Um im Gegensatz zu anderen damaligen Armutsbewegungen einer Verurteilung als Ketzer zu entgehen, bezeichneten sich die Minderen Brüder als Wanderprediger, die von der Kirche anerkannt waren.

Franziskaner-Mönche bei einer Mahlzeit aus Brot und Bier. Gemälde von Eduard von Grützner, um 1900

Franziskaner Im 15. Jahrhundert kam es im von Franz von Assisi gegründeten Orden der Minderen Brüder zu unvereinbaren Gegensätzen in der Auslegung der Regel, insbesondere in Bezug auf die Armut, die Wanderpredigt und das Leben in den Städten oder in der Einsiedelei. Im Jahre 1517 schließlich teilte sich der Orden in die beiden Orden der Franziskaner und der Minoriten auf. Nach der Farbe ihres Habits werden die Franziskaner als „braune Franziskaner" bezeichnet.

Franziskanische Orden Eine Gruppe von Ordensgemeinschaften, die sich allesamt an der Regel des Heiligen Franz von Assisi orientieren. Der Erste Orden ist der Männerorden, der aus den Zweigen der Minoriten, Franziskanern und Kapuzinern besteht. Der Zweite Orden umfasst die Klarissen, einen Frauenorden, der auf die Heilige Klara von Assisi zurückgeht. Im Dritten Orden sind die verschiedensten Laienbewegungen zusammengefasst.

Fraterie In einigen mittelalterlichen Klöstern sind alle Arbeitsräume der Mönche in einem Gebäude, der Fraterie, zusammengefasst. Sie war zumeist nach der Kirche das größte bauliche Teilobjekt. Ein Grund für die Zusammenlegung aller Arbeitsräume war wohl die zentrale Beheizbarkeit, die vor allem in kühleren Gegenden eine große Rolle spielte. In der Regel war die Fraterie der einzige beheizte Teil eines Klosters.

Friedgarten Der zentrale Bereich eines Klosters, der vom Kreuzgang umschlossene Innenraum. Er wird verschieden genutzt, manchmal als Klostergarten, aber auch als Oase der Natur für die Mönche, die das Kloster nicht verlassen dürfen, oder als Ort der religiösen Einkehr und Meditation. Vielfach wurde früher hier aber auch ein Friedhof angelegt, auf dem man die verstorbenen Mönche beerdigte.

Fronhof Durch Schenkungen und Erbschaften wurden die Klöster im Mittelalter zu den mächtigsten Grundherrn. Da sie ihre Besitzungen oft nicht mehr vom Kloster selbst aus bewirtschaften konnten, wurden – wie bei weltlichen Grundherrn auch – Gutshöfe gegründet, von denen aus die Verwaltung organisiert und auch die weltliche Macht wie etwa die Gerichtsbarkeit ausgeübt wurde.

G

Gehorsam Ein Gelübde, das jeder katholische Geistliche ablegt. Der Gehorsam ist neben der Keuschheit und der Armut einer der Evangelischen Räte, der Weisungen, die Jesus bestimmten Jün-

Friedgarten: Blick vom Kreuzgang aus in den Friedgarten des ehemaligen Dominikanerinnenklosters Colmar im Elsass

gern gab, die er für besonders auserwählt hielt. In einem christlichen Orden gelobt jeder Novize bei der Profess Gehorsam gegenüber dem Abt und oft auch dem Prior des Klosters.

Gelübde Das bindende Versprechen eines Novizen bei der Profess, sein künftiges Leben nach bestimmten Regeln auszurichten. Dazu gehören vor allem die Evangelischen Räte. Dazu kommen noch weitere Verpflichtungen wie etwa das Schweigegelübde.

Gotik: Der mit Spitzbögen und Strebepfeilern gestaltete Innenraum der Paulinerkirche des ehem. Dominikanerklosters Göttingen während des Besuchs von König Georg II. von England am 1. August 1748. Stich von Georg Daniel Heumann, 1748

Gotik Baustil bzw. Epoche des Spätmittelalters, die – vor allem durch Umbauten oder Erweiterungsbauten – zahlreiche kirchliche Gebäude geprägt hat, darunter auch viele Klöster. Die Gotik folgte ab dem 13. Jahrhundert der Romanik mit ihren Rundbögen und zeichnet sich vor allem durch die Einführung der statisch viel robusteren Spitzbögen und der hohen Strebepfeiler aus.

H

Habit Die Ordenstracht einer katholischen Ordensgemeinschaft, bestehend aus einer Tunika oder einem Talar, gehalten von einem Strick oder einem Gürtel. Je nach Orden können noch ein Überwurf, eine Kapuze oder ein weiter Mantel hinzukommen. Als Farben sind vor allem Schwarz, Weiß, Braun, Grau oder Dunkelblau verbreitet.

Heilkunde Laut einer Verfügung Karls des Großen mussten ab dem frühen 9. Jahrhundert in Klostergärten bestimmte Pflanzen kultiviert werden, darunter zahlreiche Kräuter aus dem Mittelmeerraum, die wegen ihres hohen Gehalts an ätherischen Ölen bereits in der Antike als Heilkräuter bekannt waren. So entwickelten sich manche Klöster durch die Erforschung dieser Pflanzen zu Zentren der Heilkunde.

Hildegard von Bingen (1098-1179) Deutsche Mystikerin, Äbtissin und Heilkundige. Die Universalgelehrte verfasste bedeutende theologischen Werke wie eine Glaubenslehre, ein ethische Visionswerk, ein Weltbild „Liber Divinorum Operum“ sowie medizinische Schriften, in denen sie das mittelalterliche Wissen über Krankheiten und Pflanzen mit dem Wissen der Volksmedizin vereinte.

I

Infirmarium Das Krankenhaus eines Klosters, in dem kranke und sieche Mönche des Klosters gepflegt und betreut wurden. In den monastischen Klöstern standen die Infirmarien nur in Ausnahmefällen auch der Landbevölkerung offen. In den Stadtklöstern war dies anders: Hier entwickelten sich aus den Infirmarien oft große, allgemeine Krankenhäuser.

Infirmarius In einem mittelalterlichen Kloster der Leiter des Krankenhauses, des Infirmariums (auch: Infirmerie). Er betreute und behandelte die kranken und gebrechlichen Mönche des Klosters. Da die Behandlungen gemäß der damals herrschenden Vorstellung über das Wesen der Krankheiten weitgehend im Verbrennen von Heilkräutern bestand, war der Infirmarius nicht selten gleichzeitig auch der Botanikus des Klosters, der Leiter des Klostergartens.

Inklusorium Eine Zelle oder Klause, in der sich ein Mönch aus religiösen Gründen freiwillig einschließen oder sogar einmauern ließ. Das Inklusorium wurde an die Klosterkirche angebaut, damit der eingeschlossene Klausner durch ein Fenster den Gottesdiensten folgen, den Altar sehen, beichten und mit seinen Mitbrüdern sprechen konnte. Oft blieb der Eingeschlossene bis zu seinem Tode im Inklusorium.

J

Jesuiten Von dem baskischen Adligen Ignatius von Loyola (1491-1556) im Jahre 1534 gegründeter Orden, dessen Regel neben den drei üblichen Elementen Armut, Ehelosigkeit und Gehorsam gegenüber Gott als vierten Pfeiler eine besondere, absolute Gehorsamspflicht gegenüber dem Papst enthielt. So wurde der Jesuitenorden zum wichtigen Instrument der Gegenreformation und der katholischen Erneuerung.

K

Kalfaktorium Die Wärmestube eines Klosters war ein beheizbarer Raum, in dem sich die Ordensmitglieder im Winter aufhalten und ihren Arbeiten nachgehen konnten. Gelegentlich meint man mit Kalfaktorium auch nur den Heizraum unterhalb des warmen Aufenthaltsraumes, in dem ein offenes Feuer brannte. Für das Feuer war der Kalfaktor zuständig, der Heizer.

Kanoniker s. Chorherr

Kapitelsaal Die zentrale Versammlungsstätte einer klösterlichen Gemeinschaft, in der sie die tägliche geistliche Lesung aus der Ordensregel oder aus den Schriften der Kirchenväter und auch die geistlichen Ansprachen des Abtes hört. Aber auch die nicht-geistlichen Angelegenheiten der Gemeinschaft werden hier beraten, die Novizen eingekleidet, die Gelübde abgelegt – und auch die Wahl eines Abtes findet hier statt.

Kapuziner Nachdem sich der Orden der Minderen Brüder 1517 in Franziskaner und Minoriten geteilt hatte, spaltete sich von den Franziskanern nur 10 Jahre später eine weitere Gruppe ab, der die Hinwendung zum ursprünglichen Leben des heiligen Franz noch nicht weit genug ging. 1528 entstand daraus der Orden der Kapuziner, der dritte Zweig des franziskanischen Männerordens.

Kapuziner: Die Mönche des Kapuzinerordens tragen einen Bart und ein Habit in brauner Farbe. Typisch ist die lange, spitze Kapuze, die dem Orden zu seinem Namen verholfen hat. Sich eines unbekannten Meisters, 16. Jahrhundert

Karlsgarten Im Jahre 812 erließ Kaiser Karl der Große eine Verordnung über die Bewirtschaftung der kaiserlichen Landgüter und Herrenhöfe, die auch für alle Klöster des Frankenreiches galt. Darin sind 73 Blumen, Kräuter, Gemüse- und Obstpflanzen und 16 Bäume aufgeführt, die in Klostergärten verbindlich angepflanzt werden mussten. Diese Gärten nannte man „Karlsgärten".

Karmeliten Der „Orden der Brüder der allerseligsten Jungfrau Maria vom Berge Karmel" wurde um 1150 am Karmelgebirge im heutigen Israel gegründet. Er entspringt der Tradition des Eremitentums und beruft sich ausdrücklich auf den alttestamentarischen Propheten und Eremiten Elija, der als Ordensgründer verehrt wird. Durch das Vorrücken der Moslems wurde der Orden im 14. Jahrhundert nach Europa verdrängt.

Karolingischer Stil Vorherrschender Baustil in Mitteleuropa im Frühmittelalter. Der karolingische Stil ging der Romanik voran und wird auch als Vorromanik bezeichnet. Bis heute erhaltene Baudenkmäler in diesem Stil sind das Kloster Reichenau, das Kloster Lorsch, von dem allerdings nur die Torhalle erhalten blieb, sowie die berühmte Pfalzkapelle zu Aachen.

Kartäuser Im Jahre 1084 gegründeter römisch-katholischer Orden, der auf den

Heiligen Bruno von Köln (1027-1101) zurückgeht. In den Klöstern der Kartäuser, den Kartausen, leben die Mönche in einer Gemeinschaft von Eremiten. Von vornherein wurden einzelne Zellen für die Mönche angelegt, in denen sie – neben den gemeinsamen Verrichtungen wie Gebeten oder Mahlzeiten – ihre eremitische Isolation finden.

Katharer Auch als Albigenser oder Patarener bezeichnet, waren die Katharer die größte von Laien getragene christliche Glaubensbewegung des Mittelalters. Ihre Lehren waren zunehmend mit denen der katholischen Kirche unvereinbar. Deshalb ließ Papst Innozenz III. die Katharer durch den unvorstellbar grausamen Albigenserkreuzzug (1209-1229) vernichten. Aus dem Wort „Katharer" entstand später der Begriff „Ketzer".

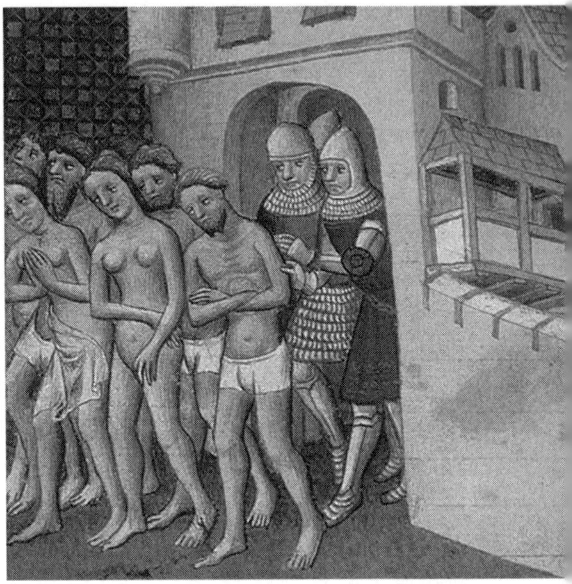

Katharer: Darstellung der Vertreibung der Katharer aus Carcassonne durch päpstliche Truppen im Jahre 1209. Buchmalerei, 13. Jahrhundert

Keuschheit Ein Gelübde, das jeder katholische Geistliche ablegt. Die Keuschheit ist neben der Armut und dem Gehorsam einer der Evangelischen Räte. In einem christlichen Orden gelobt jeder Novize bei der Profess Keuschheit, also den Verzicht auf jegliche sexuelle Handlung.

Klara von Assisi (1193-1253) Weggefährtin des Heiligen Franz von Assisi und Mitbegründerin des Frauenordens der Klarissen. Die Ordensregel der Klarissen war die erste, die von einer Frau für Frauen verfasst wurde. Sie übte auf Frauen in ganz Europa eine große Anziehungskraft aus, sodass der Klarissenorden sehr schnell wuchs.

Klarissen Auch als „Zweiter Orden des heiligen Franziskus" bezeichnet, wurde dieser kontemplative Frauenorden im Jahre 1215 von Franz von Assisi und Klara von Assisi gegründet. Zunächst bezeichnete er sich als „Arme Frauen von San Damiano", erst nach Klaras Tod hießen die Schwester „Klarissen". Heute gehören sie zu den größten Frauenorden der Welt.

Klausur Der abgegrenzte Bereich eines Klosters, der nur von Ordensangehörigen betreten werden, aber auch nur mit vorheriger Erlaubnis des Priors oder Abtes verlassen werden darf. Die Klausur ist der Ort des Rückzugs und der Besinnung und umfasst das Dormitorium, die Zellen, das Refektorium, den Kapitelsaal, den Kreuzgang und den Chor. Der Ausschluss eines Ordens-

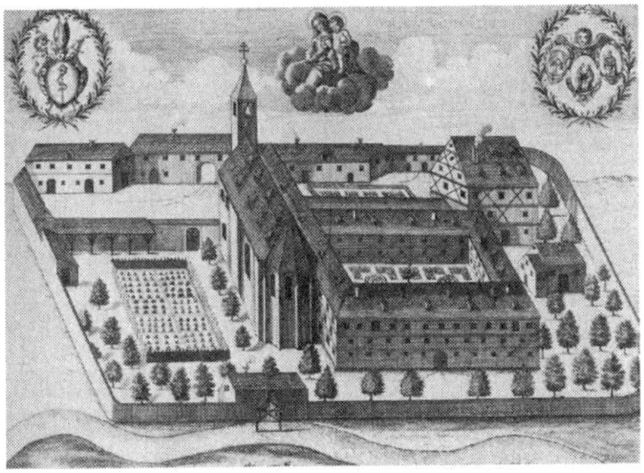

Kloster: Ansicht des Augustiner-Chorfrauen-Stiftes Marienstein bei Eichstätt nach dem Wiederaufbau nach dem Dreißigjährigen Krieg. Stich von Johann Frank, um 1680

mitglieds aus der Klausur ist eine schwere Strafe.

Kloster Eine abgegrenzte Anlage, in der Menschen aus religiösen Gründen in einer bestimmten Lebensweise als Gemeinschaft zusammenleben. Die christlichen Klöster im Bereich der römisch-katholischen Kirche werden von den christlichen Orden unterhalten. In der Frühzeit waren die Geschlechter in vielen Klöstern gemischt, seit dem Mittelalter gibt es nur noch reine Männer- und Frauenklöster.

Klostergarten Nach der Regel des Heiligen Benedikt sollte alles, was die Bewohner eines Klosters zum Leben brauchten, innerhalb der Mauern produziert werden. So war die Anlage eines Klostergartens für den Gemüse- und Obstanbau unumgänglich. Als später in den größeren Klöstern immer mehr außerhalb der Mauern angebaut wurde, entwickelten sich die Klostergärten zunehmend zu Kräuter- und Ziergärten.

Klosterkirche Die Kirche eines Klosters bildet den zentralen Raum für die gemeinsamen religiösen Handlungen, insbesondere die Messen und Stundengebete. An sie schließt sich mit dem Kreuzgang und den Gebäuden der Klausur der Wohn- und Arbeitsbereich der Mönche an. Von vielen 1803 durch die Säkularisation aufgelösten Klöstern blieb nur die Klosterkirche von der Zerstörung verschont, indem man sie zu Pfarreikirchen umwandelte.

Komplet Das letzte der christlichen Stundengebete und damit der Abschluss des Tagesablaufs in einem Kloster. Bis heute wird das Nachtgebet bei den monastischen Orden der Benediktiner, Zisterzienser und Trappisten in seiner ursprünglichen Form mit Schuldbekenntnis und Segnung begangen. Nach

Klostergarten: Darstellung des Heiligen Antonius, des ersten Mönchs, in einem Garten voller Blumen. Bildteppich, 15. Jahrhundert, Hospices de Beaune

der Komplet gilt bis zur Vigil am frühen Morgen das Schweigegebot.

Konvent Die Gebäude der Klausur, die sich an den Kreuzgang anschließen. Der Konvent umfasst in der Regel die Bibliothek, das Skriptorium, den Kapitelsaal, die Schule und den Bereich der Mönche mit verschiedenen Küchengebäuden, dem Refektorium, dem Dormitorium und den sanitären Einrichtungen, die im Mittelalter im wesentlichen aus dem Waschraum und dem Latrinengebäude bestanden.

Konverse s. Laienbruder/Laienschwester

Kräuterkunde Als das Getreide und Gemüse für die Klöster zunehmend außerhalb der Mauern angebaut wurde, entwickelten sich die Klostergärten immer mehr zu Kräutergärten. Da man um die Heilkraft zahlreicher Kräuter wusste – etwa durch die Schriften der Heiligen Hildegard von Bingen und anderer – wurden die Klostergärten dank der Kräuterkunde zu den „Apotheken" der Klöster.

Kreuzgang Ein von Wandelgängen, Arkaden oder Galerien umgebener quadratischer Innenhof, das Zentrum eines Klosters. Sowohl praktische und liturgische Aktivitäten wie etwa Gebete und Lesungen als auch Unterricht finden hier statt. Die offene Fläche in der Mitte des Kreuzganges, in deren Zentrum sich oft ein Brunnen befindet, wird vielfach als Friedgarten genutzt.

L

Laienbruder Die Mönche in den monastischen Männerorden waren ab dem Hochmittelalter ausschließlich geweihte Kleriker, also Priester. Die nichtgeweihten Ordensmitglieder standen als Laienbrüder in der Klosterhierarchie unterhalb der Mönche. Sie durften den Bereich der Klausur nicht betreten, mussten weniger beten, dafür viel mehr arbeiten und konnten keine Leitungsfunktionen übernehmen. Dies ist ihnen bis heute nur in reinen Laienorden möglich.

Laienschwester In Frauenklöstern bezeichnete man im Mittelalter die aus der einfachen Landbevölkerung stammenden Ordensschwestern als Laienschwestern. Ihre Verpflichtung zum Gebet war reduziert, dafür mussten sie mehr arbeiten als die meist aus adligen Familien stammenden Chorschwestern, die die Führungsschicht bildeten. Die Unterscheidung zwischen Chor- und Laienschwestern ist heute aufgehoben.

Laudes Im Mittelalter das zweite Stundengebet des Tages, in dem bei Tagesanbruch die aufgehende Sonne begrüßt wurde der Herr gelobt wurde. Je nach Gegend und Jahreszeit wurden die Laudes meist zwischen 6:00 Uhr und 8:00 Uhr morgens dargebracht. Seit der Abschaffung der Prim als erstem Stundengebet in den 1960er-Jahren sind die Laudes heute in der Regel das erste Stundengebet.

Lavatorium Der Waschraum oder in größeren Klöstern auch das Brunnenhaus war meist dem Refektorium gegenüber angeordnet und ragte vom Kreuzgang aus oft etwas in den Friedgarten hinein. Hier wuschen sich die Mönche entsprechend ihrer Ordensregel. Manche Lavatorien entwickelten sich im Laufe der Zeit zu prachtvoll ausgeschmückten Brunnenkapellen.

M

Meditation Im Mittelalter gängige spirituelle Praxis im Rahmen der geistlichen Übungen, die ein Mönch in einem Kloster vollziehen musste. Durch die gegenstandsfreie Anschauung sollten Verstand und Denken zur Ruhe kommen, um den letzten Grund der Welt zu erkennen. Ab dem Spätmittelalter wurde diese Praxis von der Inquisition bekämpft, doch finden sich Elemente der Meditation bei Benediktinern und Franziskanern auch heute noch.

Mette Das Nachtgebet der Stundengebete, auch als Matutin oder Vigil bezeichnet. Die Mette beginnt meist ca. gegen 2:00 Uhr morgens und kann bis zu drei Stunden andauern. Danach gehen die Mönche oder Nonnen in der Regel nicht mehr schlafen, sondern verbringen die Zeit bis zur Prim mit Lesen oder Exerzitien. Nur als Christmette oder Ostermette wird die Mette als Heilige Messe gefeiert.

Minoriten Im Jahre 1517 teilte sich der von Franz von Assisi gegründete Orden der Minderen Brüder wegen der unvereinbaren Gegensätze in der Auslegung der Regel, insbesondere in Bezug auf die Armut, die Wanderpredigt und das Leben in den Städten oder in der Einsiedelei, auf. Neben den Franziskanern entstand der neue Orden der Minoriten. Nach der Farbe ihres Habits werden die Minoriten als „schwarze Franziskaner“ bezeichnet.

Monastische Orden Christliche Orden, deren Mitglieder – als Mönche oder Nonnen bezeichnet – ein Leben in klösterlicher Abgeschiedenheit führen. Hier in der Klausur besteht ihr Tagesablauf aus Gebeten und Betrachtungen („vita contemplativa“). Monastische Orden sind u.a. die Benediktiner, Zisterzienser, Trappisten, Karmeliten, Kartäuser und deren Frauenorden sowie die Klarissen.

Mönch Ursprünglich jeder Mann, der aus religiösen Gründen als Eremit in Askese außerhalb der menschlichen Gemeinschaft lebte. Im Verlauf des Mittelalters wandelte sich der Begriff: Vor allem in den sich rasant ausbreitenden Benediktinerabteien wurden als Mönche bald nur noch die geweihten Kleri-

Mönch: Benediktinermönche im Kloster Reichenau im Gespräch mit Ekkehard von St. Gallen. Zeichnung von Ferdinand Keller, um 1900

ker bezeichnet, die Priester. Die nicht geweihten Ordensmitglieder nannte man nun Laienbrüder.

N

Necessarium Die Toilettenanlage oder eher Latrine eines mittelalterlichen Klosters bzw. der Klausur. Das Necessarium war in der Regel vom Dormitorium bzw. dem Zellengang aus zugänglich. Es wurde meist ganz außen in einem Vorsprung der Klostermauer eingerichtet und befand sich idealerweise genau über einem Wasserlauf bzw. einem eigens abgeleiteten Seitenarm eines Fließgewässers.

Nonne: Die Heilige Walburga lebte im 8. Jahrhundert und war Äbtissin im Kloster Heidenheim. Stich von Ludwig Seitz, 19. Jahrhundert

Non Das christliche Stundengebet ist eine der drei „Kleinen Horen" des Tagesablaufs, mit dem der Tag in vier Teile geteilt wird. Im Mittelalter folgte man noch der antiken Tageseinteilung, die die Zeit der Helligkeit in 12 gleich lange Stunden unterteilte. Diese waren jedoch je nach Jahreszeit durchaus unterschiedlich lang. Die Non wurde gegen 15:00 Uhr gebetet und war allen Sterbenden gewidmet.

Nonne Eine Frau, die in der Abgeschiedenheit eines monastischen Ordens ein religiöses, kontemplatives Leben in klösterlicher Klausur führt. Zudem werden auch die Klarissen als Nonnen bezeichnet, die nicht in Klausur lebenden Mitglieder der nicht monastischen Ordensgemeinschaften hingegen als Ordensschwestern. In der Umgangssprache werden beide Begriffe oft synonym verwendet.

Novize Wer den Schritt in ein Kloster wagt, der wird zunächst Novize. Das Noviziat dauert 12 Monate und dient dem Kennenlernen des Klosterlebens und der eigenen Erprobung. Novizen unterstehen dem Novizenmeister des Klosters und wohnen gemeinsam in einem Novizenhaus. Am Ende des Noviziats entscheidet der Konvent des Klosters darüber, ob der Novize zur Profess zugelassen wird.

Novizenmeister Der Mönch, der in einem Kloster für die Novizen, die „Neulinge“ zuständig ist. Die Novizen unterstehen seiner Führung, sein Urteil spielt bei der Frage, ob ein Novize zur Profess zugelassen wird, eine besonders wichtige Rolle. Gleichzeitig ist der Novizenmeister auch Ausbilder der Novizen und war im Mittelalter in der Regel folglich der Leiter der „inneren Schule“ eines Klosters.

O

Ora et labora Das Prinzip „Bete und arbeite“ ist die verkürzte Wiedergabe einer zentralen Grundlage der Ordensregel des Heiligen Benedikt von Nursia. Eigentlich lautet die Regel „ora et labora et lege“, „Bete, arbeite und lies.“ So stellte Benedikt dem Beten und dem Arbeiten noch das Lesen zur Seite, und in der Tat spielen die Studien eine wichtige Rolle im Tagesablauf eines benediktinischen Mönchs.

Orden Eine religiöse Lebensgemeinschaft, die in Abgrenzung vom Rest der Gesellschaft lebt, meist in einem Kloster. Ihre Identität erhält die Gemeinschaft durch die Einhaltung einer Ordensregel, die das tägliche Miteinander, die Rechte und Pflichten jedes einzelnen und die Ausübung der Religiosität bestimmt. Die Mitglieder haben sich meist durch Gelübde zur Einhaltung der Ordensregel verpflichtet.

Ordensbruder Männliches Mitglied eines christlichen Ordens. Bei den monastischen Orden versteht man unter einem Ordensbruder einen nicht zum Priester geweihten Laienbruder, während die zu Priestern geweihten Ordensmitglieder als Mönche bezeichnet werden. Bei den Bettelorden werden meist alle Ordensmitglieder als Ordensbrüder bezeichnet.

Ordensschwester Weibliches Mitglied eines christlichen Ordens. Bei den monastischen Orden versteht man unter einer Ordensschwester ein nicht in Klausur lebendes weibliches Ordensmitglied, während die in Klausur lebenden Ordensmitglieder als Nonnen bezeichnet werden. Da sie nicht zu Klerikern geweiht werden können, sind katholische Nonnen kirchenrechtlich immer Laien.

Ordenstracht Habit, die spezielle Kleidung der Mitglieder eines christlichen Ordens, meist bestehend aus einer Tunika oder einem Talar, zusammengehalten durch einen Strick oder einen Gürtel. Dazu kommt bei manchen Orden ein Überwurf, eine Kapuze oder auch beides. Als Farben sind vor allem Schwarz, Weiß, Braun, Grau oder Dunkelblau verbreitet.

P

Parlatorium Der Raum eines christlichen Klosters, in dem die Mönche von ihrem Schweigegelübde entbunden sind und in dem sie ohne Einschränkung sprechen dürfen. Allerdings ist dies nicht unbegrenzt möglich, denn die Benutzung des Parlatoriums ist in den allermeisten Orden für die Mönche stark reglementiert und nur in engen zeitlichen Grenzen möglich.

Prämonstratenser 1120 von dem Wanderprediger Norbert von Xanten in

Prämonstratenser: Ein Prämonstratenser-Chorherr im 17. Jahrhundert in seinem typischen Habit. Radierung von Wenzel Hollar, 1661

Frankreich gegründeter Orden, der sich von den monastischen Orden unterscheidet, aber auch von den Bettelorden. Die Prämonstratenser führen keine strenge „Vita contemplative“, aber auch keine „Vita apostolica“, sondern verbinden Elemente beider Modelle. Ihre „Vita mixta“ beinhaltet kontemplative Elemente ebenso wie seelsorgerische Tätigkeiten.

Predigerorden Im engeren Sinne ist der „Orden der Prediger“ der von dem spanischen Wanderprediger Domino de Guzmán gegründete und 1271 vom Papst offiziell anerkannte Orden der Dominikaner. Im weiteren Sinne wird der Begriff gelegentlich aber auch als Oberbegriff für alle Orden verwendet, bei denen die Predigt an das Volk eine Rolle spielt.

Prim Stundengebet, die erste der kleinen Horen. Die Prim wurde zur ersten Stunde der antiken Tageseinteilung gebetet, also ungefähr bei Tagesanbruch, meist gegen ca. 06:00 Uhr. Auf dem Zweiten Vatikanischen Konzil in den 1960er-Jahren wurde die Prim abgeschafft, da sie in Konkurrenz zur Laudes steht und als deren Doppelung empfunden wird. Heute findet sie sich nur noch bei den Kartäusern.

Prior Ein hohes klösterliches Amt. Bei den monastischen Orden, bei denen die Klöster von einem Abt geleitet werden, ist der Prior dessen Stellvertreter. In monastischen Klöstern, die nicht den Rang einer Abtei innehaben, und bei Orden, die das Amt des Abtes nicht kennen, wird der Klosterleiter als Prior bezeichnet. Die weibliche Entsprechung in Frauenklöstern ist die Priorin.

Profess Das öffentliche Gelübde, das ein Novize beim endgültigen Eintritt in den Orden ablegt. Das neue Ordensmitglied gelobt sowohl mündlich als auch schriftlich, sein Leben in Zukunft ausschließlich dem Dienst an Gott und den Menschen zu weihen. Man unterscheidet zwischen der zeitlichen Profess, die zunächst nur für drei bis fünf Jahre gilt, und der ewigen Profess, der Bindung an den Orden auf Lebenszeit.

Propst Bei einigen Orden, die das Amt des Abtes nicht kennen, wird der Vorsteher eines Klosters als Propst bezeichnet. In der Ordensregel des Heiligen Benedikt von Nursia war das Amt des Propstes zunächst als Stellvertreter des Abtes vorgesehen. Im Hochmittelalter wurde der Begriff „Propst“ allerdings durch „Prior“ ersetzt.

Psalmengebet Nach der Ordensregel der Benediktiner musste im Mittelalter jeder einzelne Mönch täglich alle 150 Psalmen aus dem Buch der Psalmen beten. Zu diesem Zweck sind die Texte der Stundengebete in der Regel dem Buch der Psalmen entnommen, dem wichtigsten Gebetbuch aus der Anfangszeit des Christentums. Heute beträgt der Zeitraum, innerhalb dessen alle Psalmen gebetet werden müssen, eine Woche.

R

Refektorium Der Speisesaal eines Klosters, der sich meist an einem Flügel des Kreuzganges befindet. In den meisten Klöstern gehört das Refektorium zu den wichtigsten Räumen der Klausur. In Orden, deren Regel das Schweigegelübde enthält, dürfen die Mönche während der Mahlzeiten nicht reden. Im Mittelalter waren die Refektorien in der Regel nur den Mönchen zugänglich, die Laienbrüder (Konversen) durften den Bereich der Klausur nicht betreten.

Regel Die Ordensregel ist das „Grundgesetz“ eines Ordens, mit dem das Zusammenleben in einem Kloster schriftlich und verbindlich geregelt wird. Über das Zusammenleben hinaus werden in der Ordensregel auch die religiösen und spirituellen Ziele festgelegt sowie die Wege, auf denen diese zu erreichen sind. Die meisten Ordensregeln basieren auf den drei Evangelischen Räten Armut, Gehorsam und Keuschheit.

Reichsdeputationshauptschluss Nach der Niederlage gegen Napoleon Bonaparte musste das Heilige Römische Reich im Frieden von Lunéville 1801 seine linksrheinischen Gebiete an Frankreich abtreten. Die deutschen Fürsten, die dadurch Territorien verloren, sollten innerhalb Deutschlands entschädigt werden. Dazu wurde der gesamte Kirchenbesitz – darunter auch die Klöster – enteignet und den Landesherrn übertragen. Das war das Ende für viele Klöster.

Ritterorden Während der Kreuzzüge entstanden geistliche Ordensgemeinschaften, die sich den Schutz, die Seelsorge und das Geleit der Pilger zum Ziel gesetzt hatten. Im Heiligen Land angekommen, entwickelten sich daraus aber schnell militärische Eliteeinheiten. Die bekanntesten geistlichen Ritterorden waren der Tempelorden, der Deutsche Orden, der Johanniterorden und der Ritterorden vom heiligen Grab zu Jerusalem.

Ritterorden: Die Belagerung des Ritterordens der Johanniter durch die Türken auf Rhodos endete 1523 mit dem Fall der Insel. Holzschnitt eines unbekannten Meisters, gedruckt bei Johann Reger in Ulm, 16. Jahrhundert

Romanik Kunst- und Baustil im Hochmittelalter in der Zeit zwischen 1000 und 1200, in manchen Gebieten auch bis zur Mitte des 13. Jahrhunderts. Als typisches Merkmal romanischer Architektur gilt der Rundbogen, auf dem häufig wuchtigen Steinmassen lasten. Da viele Klöster in dieser Zeit erbaut worden sind, findet man heute in Klöstern noch viele romanische Elemente.

S

Sacratarius Ein verantwortungsvolles Amt in einem Kloster hatte der Sacratarius inne. Er war verantwortlich für die Klosterkirche und die Sakristei. Seine Aufgabe bestand darin, die Ausstattung der Kirche jederzeit so auf dem Stand zu halten, dass die vielen liturgischen Pflichten tagein, tagaus eingehalten werden konnten. Unterstützt wurde er dabei von einem Gehilfen, dem Custos.

Säkularisation Die Umwandlung von geistlicher in weltliche Herrschaft und von kirchlichem in weltlichen Besitz. Beides spielte eine besondere Rolle zu Beginn des 19. Jahrhunderts, als Frankreich 1803 unter Napoleon Bonaparte daranging, das Heilige Römische Reich zu zerschlagen. Alle Klöster in Deutschland und Österreich wurden dabei aufgelöst, viele erloschen dabei endgültig.

Schweigegelübde In manchen Orden – etwa den monastischen der Benediktiner, der Zisterzienser und der Trappisten – legen die Mönche ein Schweigegelübde ab. Sie dürfen dann zu bestimmten Zeiten nicht miteinander sprechen, etwa während der Mahlzeiten oder zwischen Komplet und Mette (Vigil). Wenn sie das Gelübde brechen, können sie bestraft werden.

Sext Das christliche Stundengebet ist eine der drei „Kleinen Horen" des Tagesablaufs, mit dem der Tag in vier Teile geteilt wird. Die Sext wird gegen 12:00 Uhr gebetet und geht dem Mittagessen voran.

Skriptorium Einer der wichtigsten Räume eines mittelalterlichen Klosters, in dem besonders fähige Mönche an der Reproduktion von Büchern arbeiteten. Die Skriptorien der Klöster waren im Mittelalter lange Zeit die einzigen Werkstätten, in denen überhaupt Bücher hergestellt werden konnten. Mit der Erfindung des Buchdrucks verloren die Skriptorien ihre überragende Bedeutung.

St. Galler Klosterplan Die älteste Darstellung eines Klosters stammt aus den Jahren um 820. Sie zeigt bereits verblüffend umfänglich die in einem Kloster benötigten Gebäude und ihre Anordnung. Mit gewissen regionalen Abweichungen haben sich die Kloster-Neuanlagen der monastischen Orden über Jahrhunderte an diesem Plan orientiert, vor aller die Klöster der Benediktiner.

Stadtkloster Während die Klöster der monastischen Orden auf dem Lande (Benediktiner) oder bewusst in der Einsamkeit (Zisterzienser, Kartäuser) lagen, kam gegen Ende des Hochmittelalters mit der Gründung der Bettelorden ein ganz neuer Klostertyp ins Spiel. Gemäß ihrer Aufgabe als Prediger gründeten die Mitglieder der Bettelorden ihre Klöster nun mitten in den aufstrebenden Städten.

Skriptorium mit arbeitenden Mönchen und Turm des Klosters Tábara de León in Spanien. Buchmalerei aus dem Kommentar zur Apokalypse des Beatus de Liébana, um 970

Stift Eine religiöse Institution oder Anstalt, die von einem weltlichen Stifter gegründet und dann an die Kirche übergeben wird. Darunter waren in der Vergangenheit auch sehr viele Klöster, die in Österreich oft generell als Stift bezeichnet werden, aber auch Kirchen, Dome und andere Einrichtungen. Vor allem die Einrichtungen der Augustiner und der Prämonstratenser sind oft Stifte.

Stundengebet Nach der Ordensregel des Heiligen Benedikt besteht – bezogen auf Psalm 119, in dem es heißt: „Ich lobe dich des Tags siebenmal", und: „Mitten in der Nacht stehe ich auf, dir zu danken" – ein großer Teil des Klosterlebens aus dem gemeinsamen Gebet aller Mönche. Daraus entstanden die Stundengebete Mette (auch: Vigil, Nacht), Laudes (ca. 6:00-8:00 Uhr), Prim (ca. 6:00 Uhr), Terz (ca. 9:00 Uhr), Sext (ca. 12:00 Uhr), Non (ca. 15:00), Vesper (ca. 18:00 Uhr) und Komplet (Nacht). Die Prim wurde in den 1960er-Jahren abgeschafft.

T

Teresa de Avila (1515-1582) Spanische Heilige, Mystikerin, Kirchenlehrerin und Ordensgründerin des Frauenordens der Unbeschuhten Karmelitinnen. Dieser ging als Reformorden aus dem bereits existierenden Orden der Karmelitinnen hervor und setzte sich die strengere Beachtung der Ordensregel zum Ziel. Teresa de Avila zählt neben Klara von Assisi und Hildegard von Bingen zu den bedeutendsten Frauen der Kirchengeschichte.

Terz Das christliche Stundengebet ist eine der drei „Kleinen Horen" des Tagesablaufs, mit dem der Tag in vier Teile geteilt wird. Die Terz wird gegen 9:00 Uhr gebetet und ist dem Heiligen Geist gewidmet.

Tonsur Ein spezieller Haarschnitt katholischer Kleriker, mit dem die besondere

Tonsur: Der heilige Franziskanermönch San Leonardo de Porto Maurizio mit Tonsur. Porträt eines unbekannten Meisters, um 1750

Hinwendung zu Gott demonstriert werden soll. Dabei handelt es sich um das großflächige Entfernen des Haares auf dem Kopf, wobei außen ein mehr oder weniger breiter Haarkranz stehen bleibt. Die Tonsur war in der Vergangenheit vor allem ein besonderes Kennzeichen der Mönche. 1973 wurde die Pflicht zur Tonsur abgeschafft.

Trappisten Im 17. Jahrhundert entstandener, aus dem Orden der Zisterzienser hervorgegangener Reformorden, der sich eine strengere Befolgung der ursprünglichen Ordensregel zum Ziel setzte. Der offizielle Name lautet heute

„Orden der Zisterzienser von der strengeren Observanz“. Die Trappisten sind in der Öffentlichkeit besonders wegen ihrer Klosterprodukte bekannt, etwa Bier oder Käse.

V

Vesper Ein christliches Stundengebet, das gegen 18:00 Uhr den Arbeitstag der Mönche beendet. Damit bildet es in der Liturgie den Kontrapunkt zur Laudes. Nach der Vesper begibt sich die Gemeinschaft ins Refektorium zum Abendessen. Vor Sonn- und Feiertagen wird die Vesper besonders feierlich begangen, da sie dann bereits zum folgenden Tag dazuzählt.

Vestiarius Der Verwalter der Kleiderkammern und Nähwerkstätten eines Klosters. Die Ordenstracht der Gemeinschaftsmitglieder wurde früher ausschließlich in den Klöstern selbst hergestellt und instandgehalten. Damit kam dem Vestiarius eine verantwortungsvolle Aufgabe zu. Der Vestiarius arbeitete direkt dem Abt zu, dessen Privileg die Zuteilung des Habits an die Ordensbrüder und Mönche ist.

Vigil s. Mette

Vita activa „Aktives Leben“, ein aus dem Mönchtum stammendes Lebensideal, das die tätige, christliche Nächstenliebe in den Mittelpunkt stellt. Die eigenen Bedürfnisse treten dabei zugunsten der als wichtiger angesehenen Bedürfnisse anderer – etwa Kranker, Gebrechlicher oder Armer – in den Hintergrund.

Vita apostolica „Apostolisches Leben“, eine christliche Lebensform, die sich an den Aposteln orientiert. Dazu gehören das Ideal der Armut sowie die Verkündung des Heiligen Wortes in der Form der Wanderpredigt. Die ersten Laien, die diese Lebensform außerhalb von Klöstern praktizierten, wurden als Ketzer verfolgt. Erst durch die Bettelorden konnte sich die vita apostolica durchsetzen.

Vita contemplativa „Betrachtendes Leben“, das mönchische Ideal, wie es dem Heiligen Benedikt von Nursia vorschwebte. Dabei lebt der Mönch zurückgezogen von den Menschen in Askese und in Abwendung von den materiellen Dingen der Welt. Er widmet sich in radikaler Hinwendung zu Gott vor allem dem Gebet, den Studien der heiligen Schriften und der Betrachtung.

W

Weinbau In klimatisch geeigneten Gegenden wurden die Klöster mit ausgeprägtem Grundbesitz auch zu bedeutenden Weinerzeugern. Dabei ging der Weinbau meist schon auf römische Ursprünge zurück. Nach der Säkularisation der Klöster 1803 entstanden aus klösterlichem Besitz zahlreiche bedeutende Weingüter, etwa Maximin Grünhaus an der Mosel oder Kloster Eberbach in Rheingau.

Z

Zelle Der private Rückzugsort und Schlafplatz eines Mönchs in einem Kloster. Während die Mönche bei den Benediktinern und den daraus hervorgegangenen Zisterziensern bis ins Hochmittelalter alle gemeinsam im Dormitorium schliefen, gab es bei den Bettelorden von Anfang an einzelne Zellen für jeden Mönch. Später führten die monastischen Orden ebenfalls Zellen für jeden einzelnen Mönch ein.

Zisterzienser Ein monastischer, kontemplativ ausgerichteter Orden, der zu Beginn des 12. Jahrhunderts als Reformorden durch Abspaltung aus dem Orden der Benediktiner hervorgegangen ist. Die Zisterzienser verurteilten den Reichtum, den Prunk und die Verweltlichung der Benediktiner und verfolgten das Ziel, wieder viel stärker nach der ursprünglichen Regel des Heiligen Benedikt von Nursia zu leben.

Zölibat Die Ehelosigkeit der geweihten Priester und Diakone in der römisch-katholischen Kirche. Sie wird auf die Evangelischen Räte zurückgeführt, jene Weisungen, die Jesus denjenigen seiner Jünger gab, die er für ein apostolisches Leben in seiner Nachfolge für befähigt hielt: Armut, Gehorsam und eben Keuschheit, die auch für Mitglieder einer christlichen Ordensgemeinschaft verpflichtend ist.

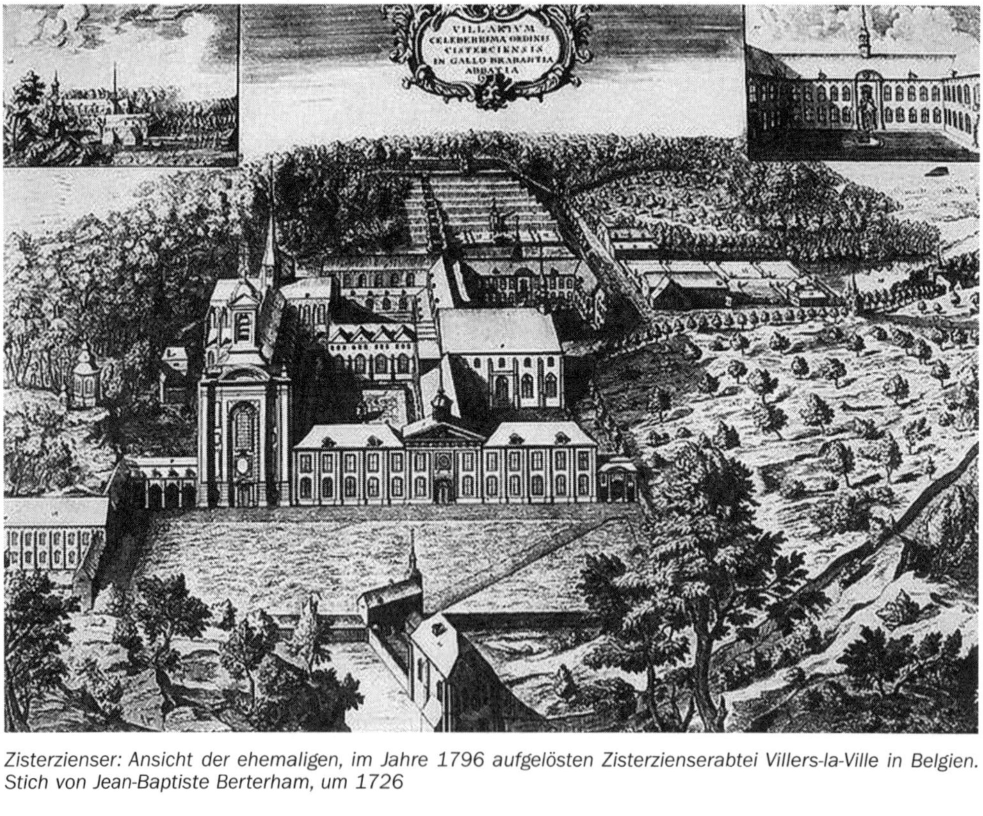

Zisterzienser: Ansicht der ehemaligen, im Jahre 1796 aufgelösten Zisterzienserabtei Villers-la-Ville in Belgien. Stich von Jean-Baptiste Berterham, um 1726

Ortsregister

(kursive Einträge verweisen auf Abbildungen)

Literaturverzeichnis

Backmund, Norbert: Monasticon Praemonstratense, Tomi Primi Editio Secunda, Pars prima et Secunda, Berlin/New York 1983

Baumann, Christian: „Auszeit für Gott“. Die Stille von Schweiklberg. Einblick hinter Klostermauern, Norderstedt 2007

Bautz, Friedrich Wilhelm: Bruno von Köln, in: Biographisch-Bibliographisches Kirchenlexikon (BBKL), Bd. 1, Hamm 1975

Brouette, Emile; Dimier, Anselme und Manning, Eugène (Hrsg.): Dictionaire des auteurs cisterciens, Rochefort 1975-1979

Dell'Omo, Mariano: Storia del monachesimo occidentale dal medioevo all'età contemporanea. Il carisma di san Benedetto tra VI e XX secolo, Milano 2011

Deutsch, S. M.: Cistercienser, in: Realencyklopädie für protestantische Theologie und Kirche (RE), Bd. 4, Leipzig 1898

Dinzelbacher, Peter und Hogg, James Lester (Hrsg.): Kulturgeschichte der christlichen Orden in Einzeldarstellungen, Stuttgart 1997

Dißelbeck-Tewes, Elke: Frauen in der Kirche. Das Leben der Frauen in den mittelalterlichen Zisterzienserklöstern, Köln,1989

Dobhan, Ulrich: Die Spiritualität des Karmel, Leutersdorf am Rhein 1990

Eberl, Immo: Die Zisterzienser. Geschichte eines europäischen Ordens, Stuttgart 2002

Eggensperger, Thomas und Engel, Ulrich: Dominikanerinnen und Dominikaner: Geschichte und Spiritualität, Kevelaer 2010

Ehlers, Joachim: Adlige Stiftung und persönliche Konversion. Zur Sozialgeschichte früher Prämonstratenserkonvente, in: Zernack, Klaus (Hrsg.): Geschichte und Verfassungsgefüge. Frankfurter Festgabe für Walter Schlesinger, Wiesbaden 1973

Ehlers-Kisseler, Ingrid: Die Anfänge der Prämonstratenser im Erzbistum Köln, Köln/Weimar/Wien 1997

Elm, Kaspar; Joerißen, Peter und Roth, Hermann Josef Die Zisterzienser. Ordensleben zwischen Ideal und Wirklichkeit, Bonn 1980

Engel, Ulrich (Hrsg.): Dominikanische Spiritualität. Dominikanische Quellen und Zeugnisse, Bd. 1, Leipzig 2000

Ertl, Thomas: Religion und Disziplin. Selbstdeutung und Weltordnung im frühen deutschen Franziskanertum, Berlin 2006

Eßer, Ambrosius: Dominikaner, in: Theologische Realenzyklopädie (TRE), Bd. 9, Berlin/New York 1982

Feld, Helmut: Die Franziskaner, Stuttgart 2008

Frank, Karl Suso: Geschichte des christlichen Mönchtums, Darmstadt 1993

Freyer, Johannes-Baptist: Mystik in den franziskanischen Orden, Kevelaer 1993

Gehle, Burkhard: Die Prämonstratenser in Köln und Dünnwald, Amsterdam 1978

Gleba, Gudrun: Klöster und Orden im Mittelalter, Darmstadt 2008

Gleba, Gudrun: Klosterleben im Mittelalter, Darmstadt 2004

Grabner-Haider, Anton: Die großen Ordensgründer, Wiesbaden 2007

Grützmacher: Dominikus und die Dominikaner, in: Realencyklopädie für protestantische Theologie und Kirche, Bd. 4, Leipzig 1898

Haarländer, Stephanie: Die Zisterzienser, Stuttgart 2006

Hauschild, Stephanie: Das Paradies auf Erden. Die Gärten der Zisterzienser, Ostfildern 2007

Heimbucher, Max: Der Karmelitenorden, in: Die Orden und Kongregationen der katholischen Kirche, Bd. 2., München, Paderborn und Wien 1965

Hemmerle, Josef: Brun(o), heilig, Stifter des Kartäuserordens, in: Neue Deutsche Biographie (NDB). Band 2, Berlin 1955

Hinnebusch, William A.: Kleine Geschichte des Dominikanerordens,

in: Dominikanische Quellen und Zeugnisse, Bd. 4, Leipzig 2004
Hoyer, Wolfram: Von den Anfängen des Predigerordens, in: Dominikanische Quellen und Zeugnisse, Bd. 3, 2002
Hugo, Charles L.: Sacri et canonici ordinis praemonstratensis annales, 2 Bde., Nancy 1734–1736
Kinder, Terryl N.: Die Welt der Zisterzienser, Regensburg 1997
Knefelkamp, Ulrich (Hrsg.): Zisterzienser. Norm, Kultur, Reform – 900 Jahre Zisterzienser, Berlin 2001
Kohl, Wilhelm: Die frühen Prämonstratenserklöster Nordwestdeutschlands im Spannungsfeld der großen Familien, in: Fenske, Lutz (Hrsg.): Institutionen, Kultur und Gesellschaft im Mittelalter. Festschrift für Josef Fleckenstein zu seinem 65. Geburtstag, Sigmaringen 1984
Kroll, Hildegard: Expansion und Rekrutierung der Prämonstratenser 1120–1150, in: Analecta Praemonstratensia, 54. Jg. 1978
Kunzelmann, Adalbero: Geschichte der deutschen Augustiner-Eremiten, 7 Bde., Würzburg 1969–1976
Kuster, Niklaus; Dienberg, Thomas und Jungbluth, Marianne (Hrsg.): Inspirierte Freiheit. 800 Jahre Franziskus und seine Bewegung, Freiburg im Breisgau 2009
Lang, Justin; Loose, Helmuth Nils und Schneiders, Toni: Die großen Ordensgründer. Benedikt – Dominikus – Franziskus – Ignatius, Erftstadt 2007
Leigh Fermor, Patrick: Reise in die Stille – Zu Gast in Klöstern, Frankfurt am Main 2010
Leroux-Dhuys, Jean-Francois und Gaud, Henri: Die Zisterzienser. Geschichte und Architektur, Köln 1998
Maesel, Markus A. (Hrsg.): Chronik des Barfüßer-Karmelitenkloster zu Heidelberg. Ein Beytrag zur Pfälzischen Kirchengeschichte, Ubstadt-Weiher 1998
Meffert, Ekkehard: Die Zisterzienser und Bernhard von Clairvaux – Ihre spirituellen Impulse und die Verchristlichung der Erde Europas, Stuttgart 2010
Mesters, Gondulf: Der Orden der Karmeliten, Mainz 1958
Nagel, Bernhard: Die Eigenarbeit der Zisterzienser. Von der religiösen Askese zur wirtschaftlichen Effizienz, Marburg 2006
Patzold, Steffen: Konflikte im Kloster. Studien zu Auseinandersetzungen in monastischen Gemeinschaften des ottonisch-salischen Reichs, Husum 2000
Posada, Gerardo: Der heilige Bruno. Vater der Kartäuser. Ein Sohn der Stadt Köln, Köln 1987
Radcliffe, Timothy: Gemeinschaft im Dialog. Ermutigung zum Ordensleben, in: Dominikanische Quellen und Zeugnisse, Bd. 2, Leipzig 2001
Roloff, Eckart: Klöster, die Keimzellen des Fortschritts: Mit Pionieren zwischen Tradition und Innovation, in: ders. (Hrsg.): Göttliche Geistesblitze. Pfarrer und Priester als Erfinder und Entdecker, Weinheim 2010
Salzburger Äbtekonferenz (Hrsg): Die Benediktusregel (lat.-dt.), Beuron 1992
Schmitt, Veronika Elisabeth: Die vergessenen Wurzeln des Karmel, Würzburg 2008
Schütz, Christian und Rath, Philippa (Hrsg.): Der Benediktinerorden: Gott suchen in Gebet und Arbeit, Mainz 2003
Smet, Joachim/Dobhan, Ulrich: Die Karmeliten. Eine Geschichte der Brüder U. L. Frau vom Berge Karmel. Von den Anfängen (ca. 1200) bis zum Konzil von Trient, Freiburg im Breisgau/Basel/Wien 1980
Sterba, Thomas: Herders neues Klosterlexikon, Freiburg im Breisgau 2010
Studien zur Geschichte, Kunst und Kultur der Zisterzienser, Berlin 1996ff.
Todenhöfer, Achim: Apostolisches Ideal im sozialen Kontext. Zur Genese der europäischen Bettelordensarchitektur im 13. Jahrhundert, in: Marburger Jahrbuch für Kunstwissenschaft, Bd. 34, Marburg 2007
Ulpts, Ingo: Die Bettelorden in Mecklenburg. Ein Beitrag zur Geschichte der Franziskaner, Klarissen, Dominikaner und Augustiner-Eremiten im Mittelalter, Werl 1995
Woker, Philipp: Brun, der heilige Bruno, Stifter des Kartäuserordens, in: Allgemeine Deutsche Biographie (ADB), Band 3, Leipzig 1876
Zumkeller, Adolar: Die Augustiner-Eremiten, in: Theologische Realenzyklopädie, Bd. 4, Berlin 1979

Abbildungsnachweis

Burkhard zur Bonsen 97, 108
Bruno Hof 2
Alle übrigen Abbildungen: Archiv des Autors